언어 평등

ХЭЛ ТЭГШ БАЙДАЛ

NYELVI EGYENLŐSÉG

SPRACHE EQUALITY

TAAL GELIJKHEID

SPRÅK LIKHET

LANGUAGE EQUALITY

NGÔN NGỮ BÌNH ĐẲNG

IDIOMA IGUALDADE

BAHASA KESETARAAN

言語平等

שפת שוויון

भाषा समानताको

IDIOMA IGUALDAD

ภาษาเท่าเทียมกั

AEQUALITAS LANGUAGE

JAZYK ROVNOST

语言平等

LANGUE ÉGALITÉ

ЯЗЫК EQUALITY

ພາສາຄວາມສະເໝີພາບ

LIMBA EGALITATE

اللغة المساواة

UGUAGLIANZA LINGUA

برابری زبان

ভাষা সমতা

"모든 언어는 평등하다"

언어는 문화의 다양성 산물이며,
인류 공동체 소통의 시작과 문명 발전의 발자취이다.

LUGHA USAWA

또한, 인류 문명의 근원인 동시에 민족 정체성의 상징이다.
언어 평등주의 관점에서 고유 가치와 순결성은 언어 사용자수와 국력에 국한 될 수 없으며
어떠한 언어도 우수함, 열등함을 비교할 수 없다.

따라서, 우리는 언어의 획일화 위협을 완전히 배제하며
МОВА РІВНІСТЬ
언어학습의 자유로운 선택과 평등한 기회를 위한 어학콘텐츠 개발과 보급이
우리의 가장 중요한 가치 중 하나이다.

민족 자주독립의 1945년 명동 문예서림(서점) 창립이래,
어학 콘텐츠는 우리의 과거, 현재 그리고 미래의 핵심이며
DIL EŞITLIK
세계 모든 어학콘텐츠 개발과 보급이라는
우리의 이상과 독자를 위한 〈언어 평등〉에 정진할 것이다.

€

Euro 유로 경제권 유럽 결합된 법정 화폐인 유럽 단일 통화의 명칭

la tour Eiffel 에펠탑 파리 센 강 변에 있는 철탑

la France 프랑스 유럽 서부에 있는 공화국

프랑스어 통역번역 사전

이승환 지음

문예림

http://www.bookmoon.co.kr

프랑스어 통역번역 사전

초판 2쇄 인쇄 2016년 7월 15일
초판 2쇄 발행 2016년 7월 22일

지은이 이승환
발행인 서덕일
펴낸곳 문예림
주소 경기도 파주시 회동길 366 (10881)
전화 (02)499-1281~2
팩스 (02)499-1283
E-mail info@bookmoon.co.kr
출판등록 1962.7.12 (제406-1962-1호)
ISBN 978-89-7482-855-4(91760)

머리말

통역과 번역은 소통을 위한 전문적인 영역으로 모든 분야에 광범위하게 적용된다. 편자는 통역을 함에 있어, 단어를 몰라 통역을 못하는 경우는 없어야 한다고 생각해왔다. 계절과 용도에 따라 입는 옷이 바뀌듯, 언어도 분야와 상황에 맞는 적절한 용어 선택이 필요하다. 때문에 통역번역사의 기본은 제대로 된 옷장을 갖추는 것이라 하겠다. 결혼식장에 운동복을 입고 간다거나 그 반대의 상황을 상상해보라. 웃기지 않겠는가?

통역번역사가 다양한 분야별 전문 용어를 알기 위해서는 많은 시간과 노력이 필요하다. 결코 편한 통역번역은 없다. '안녕하세요'와 '반갑습니다'가 다르듯 통역번역사는 미묘한 차이까지 제대로 전달하기 위해 무단히 노력해야 하는 직업이다. 이미 시중에 영어, 중국어, 일본어 통역번역 사전이 나왔음에도 아직 프랑스어 통역번역 사전이 나오지 않은 것은 안타까운 일이다. 결국 더 나은 사전이 나오길 바라며 본 사전 편찬 작업을 시작하였다.

본 사전은 편자가 한국외국어대학교 통역번역대학원 시절 및 실제 통역번역 업무를 수행하는 과정 중에 취득한 주제별 용어로, 한국어를 기준으로 프랑스어 해당 표현을 제시하였다. 이번 작업을 포함하여 지금까지 세 권의 사전을 편찬하였으나, 이번 작업 가장 어려웠다. 언어의 특성상 용어를 특정 기준으로 분류하는 데는 개인, 상황, 쓰임에 따라 달라지는 주관적인 요소가 개입하기 쉽기 때문이다. 결국 어디까지를 기본 용어로 보고 어디까지를 전문 용어로 봐야 하는지, 어떤 용어들을 함께 묶을 것인지에 대한 구체적인 방법론을 제시하지 못한 채, 주관적인 판단 아래 출간하게 되어 송구스럽다.

몇 년간 계속된 보완 작업을 마치고 드디어 출간을 앞둔 지금 기쁨과 불안감을 동시에 느낀다. 본 사전에는 통역, 번역을 공부하는 사람 외에 프랑스어를 구사하는 고등학생, 대학생, 대학원생, 업무에 프랑스어를 사용하는 실무자에게 필요할 수 있는 기본 용어들을 정리하였다. 사전의 특성상 초보자 보다는 프랑스어를 어느 정도 공부한 사람에게 적합하다. 아무쪼록 본 사전이 프랑스어를 배우고 사용하는 분들에게 조금이나마 도움이 되었으면 한다.

이번 사전이 나오기까지 통역번역 대학원시절부터 지금까지 깊은 영감을 주신 최정화 교수님과 한결 같은 인내와 너그러움으로 출간을 도와주신 서덕일 대표님께 감사를 드린다. 본 사전 편찬에 사용하거나 참고한 문헌과 예문은 주로 유관 사전이나 인터넷 검색을 활용하였다. 문헌의 경로를 일일이 싣지 못했으나 그 저자들, 편자들에 심심한 감사를 표한다.

목차

06 **경제 économie**
인간의 생활에 필요한 재화나 용역을 생산 · 분배 · 소비하는 모든 활동. 또는 그것을 통하여 이루어지는 사회적 관계.

30 **정치 politique**
나라를 다스리는 일. 국가의 권력을 획득하고 유지하며 행사하는 활동으로, 국민들이 인간다운 삶을 영위하게 하고 상호 간의 이해를 조정하며, 사회 질서를 바로잡는 따위의 역할을 한다.

51 **행정 administration**
국가 통치 작용 가운데 입법 작용과 사법 작용을 제외한 국가 작용. 법 아래에서 법의 규제를 받으면서 국가 목적 또는 공익을 실현하기 위하여 행하는 능동적이고 적극적인 국가 작용이다.

69 **환경 atmosphère**
생물에게 직접 · 간접으로 영향을 주는 자연적 조건이나 사회적 상황. 생활하는 주위의 상태.

92 **에너지 énergie**
인간이 활동하는 근원이 되는 힘. 기본적인 물리량의 하나.

102 **법률 loi**
국가의 강제력을 수반하는 사회 규범.

119 **문화 civilisation**
자연 상태에서 벗어나 일정한 목적 또는 생활 이상을 실현하고자 사회 구성원에 의하여 습득, 공유, 전달되는 행동 양식이나 생활 양식의 과정 및 그 과정에서 이룩하여 낸 물질적 · 정신적 소득을 통틀어 이르는 말.

179 **건설 construction**
건물, 설비, 시설 따위를 새로 만들어 세움.

206 **국제정치 politique internationale**
국가와 국가 사이에 얽혀 있는 정치적 관계.

247 **과학기술 technique**
자연 과학, 응용과학, 공학 따위를 실제로 적용하여 인간 생활에 유용하도록 가공하는 수단을 통틀어 이르는 말

260 **금융 finance**
금전을 융통하는 일. 특히 이자를 붙여서 자금을 대차하는 일과 그 수급 관계를 이른다.

292 **경영 gestion**
기업이나 사업 따위를 관리하고 운영함.

306 **교육 éducation**
지식과 기술 따위를 가르치며 인격을 길러 줌.

322 **의학 médecine**
인체의 구조와 기능을 조사하여 인체의 보건, 질병이나 상해의 치료 및 예방에 관한 방법과 기술을 연구하는 학문. 기초 의학, 임상 의학, 사회 의학 따위가 있다.

364 **자동차 auto**
원동기를 장치하여 그 동력으로 바퀴를 굴려서 철길이나 가설된 선에 의하지 아니하고 땅 위를 움직이도록 만든 차.

373 **국방 défense nationale**
외국의 침략에 대비 태세를 갖추고 국토를 방위하는 일.

391 **스포츠 sport**
운동 경기. '운동2(일정한 규칙에 따라 개인이나 단체끼리 속력, 지구력, 기능 따위를 겨루는 일)'으로 순화.

경제

경제정책

종합경제정책	série de mesures économiques
종합계획	plan global
단기	à court terme
중기	à moyen terme
장기	à long terme
경제 재도약	relance économique (예)경제를 재도약시키다. Relancer l'économie.
재도약 정책	mesure de relance (예)정부의 경제 재도약 정책. Mesure de relance économique du gouvernement.
구제책	plan de sauvetage
금융구조의 자유화(개방)	libéralisation du système bancaire
금융완화정책	détente monétaire
긴축정책	politique d'austérité
예산정책	politique budgétaire
통화긴축정책	restriction monétaire, resserement des politiques monétaires (예)통화긴축을 완화하다. Déserrer l'étreinte monétaire.
통화정책	politique monétaire
규제철폐	abolition des réglements
규제하다, 지배하다	régir
물가	prix, coût de la vie
물가안정	stabilité des prix
물가상승	hausse des prix, augmentation du coût de la vie
물가하락	baisse des prix
물가정책	mesure contre la hausse des prix

결산	règlement
호황	embellie
불황	récession, marasme
회복	relance, redressement
경제동향	conjoncture économique (예)단기경제동향을 분석하다. Faire de la conjoncture.
경제규모	volume d'affaires
경제발전	développement économique
경제급성장(비약)	essor économique
경제성장	croissance économique
경제성장률	taux de croissance économique (예)한국은 작년 4%의 경제성장률을 기록했다. La Corée a enregistré un taux de croissance économique de 4% l'an dernier. (예)성장률을 전망하다. Faire une prospective du taux de croissance économique. (예)성장률을 하향조정하다. Escompter(revoir à la baisse) le taux de croissance.
경제호황	prospérité économique
경제침체	ralentissement économique, économie morose
경제회복	redressement économique
경제활황	économie en plein essor (예)활기없는 성장(부진한 성장). Une croissance qui manque de tonus.
경제공황(위기)	crise économique
경제관념	sens de l'économie
경제구조	structure de l'économie
경제권	pouvoir économique
경제대국	puissance économique (예)이 지역의 주요 경제대국. Les principales puissance économique de la région.

경제백서	livre blanc sur l'économie
경제봉쇄	blocus économique
경제수역	zone d'intérêt économique, zone économique exclusive
경제원조	aide économique
경제인	représentants du milieu économique (예)술집과 음식점 흡연을 금지하는 것이 경제적 영향을 미칠까요? L'interdiction de fumer dans les bars et restaurants a-t-il un impact économique?
경제주체	acteur économique, agent économique
경제지수	indice économique
지표	indice
거시지표	indice macroéconomique
미시지표	indice microéconomique
경제지표	indicateur économique
(정부의)배경 설명	feuille d'information
로드맵	feuille de route
(회사의)배후 부문	arrière-guichet (영)back office
가속 상각	amortissement accéléré
가처분소득	revenu disponible, revenu aliénable
감가상각, 상각	amortissement, dépréciation (예)감가상각이 발생했음에도 신규투자는 이뤄지지 않았다. De nouveaux investissements n'ont pas eu lieu malgré un amortissement.
거시경제학	macroéconomie
거시경제학의	macroéconomique
거시적 결정	macrodécision
경기 부양	soutenir la conjoncture, relancer l'activité économique

부양	prise en change (예)당양한 연구를 통한 부양.Prises en charge diversifiées avec recherche.
경기종합지수	indice composé
성장전망	prévision de croissance (예)한국의 경제성장 전망. Prévision de la croissance économique coréenne.
바닥을 치다	touché le fond (예)국내경제가 바닥을 쳤다. L'économie nationale a touché le fond.
정세 분석	étude de conjoncture
경제위기	crise de conjoncture
저조한 경기정세	conjoncture inactive
유리한 경기정세	conjoncture favorable
불리한 경기정세	conjoncture défavorable
불투명하다	être incertain(e) (예)경제가 여전히 불투명하다. L'économie reste encore incertaine.
계약의 유연성	souplesse des contrats
계약을 파기하다	mettre fin au contrat
계획 범위 내에서	dans le cadre d'un plan
평생노동 계약법	contrat direct indéterminé (CDI)
특정 기간 계약	contrat à durée détemminée (CDD)
고정 자산	immobilisation
공공지출	dépenses publiques
폭발적 성장	croissance explosive
공통 경비	charges indirectes
과거 기록	trace documentaire
교환 매개물	instrument d' échange
과점	oligopsone

국가공공단체의 개입	intervention des collectivités publiques (locales)
국가채무	dette nationale
국내소비	consommation intérieur
국내총생산(GDP)	produit intérieur brut (PIB) (예)국내총생산이 3% 감소했다. Le PIB a baissé de 3%. (예)국내총생산이 3% 증가했다. Le PIB a augmenté de 3%.
국내총생산 성장률	taux de progression du produit intérieur brut(PIB)
국민소득	revenu national
국민총소득(GNI)	produit national brut(PNB), revenu national brut(RNB)
특별 인출권(국제 통화 기금의)	droits de tirage spéciaux
기록적인 수치	chiffre record
동기대비	par rapport à la même période
디플레이션	déflation [정의] 통화량의 축소에 의하여 물가가 하락하고 경제활동이 침체되는 현상.
루카스 비판	critique de Lucas
무역수지 적자	déficit commercial (예)적자를 메우다. Combler le déficit.
무역수지 흑자	excédent(bénéfice) commercial
무조건적인 지원	subventions sans condition
미불 경비	charge constatée par régularisation
복지경제 정리	théorèmes de l'économie du bien-être
사회간접자본(SOC)	fonds sociaux indirects (예)사회 간적자본에 투자하다. Investir dans les fons sociaux.
생산호조	forte progression de la production
세계 경기	conjoncture mondiale
수요저하	chute de la demande
수입할당제	imposition du quota d'importation

수취 계정	compte de débiteur
순연 수익	produit comptabilisé d'avance
신용평가기관	agence de notation
실제 원가	coût réel
악재	déstabilisateurs sur l'économie
연기금	fonds de pension
사업, 영업	affaires
영업 방침	politique générale de l'entreprise
영업 보고서	rapport d'activités
영업 성적	résultats d'exploitation
영업 손익	profits et pertes des exploitations
영업 외 수입	bénéfice hors exploitation
영업 이익(소득)	bénéfice d'exploitation
영업 정지를 당하다	suspendre l'affaire
영업 종목	catégorie (예)8종으로 한다. Se diviser en 8 catégories.
영업 지역	quartier des affaires
영업 활동	activité économique
영업권	fonds commercial
영업부장	directeur commercial, chef de vente, directeur d'affaires
영업부	équipe de vente
영업비	dépenses d'exploitation
영업상의 비밀	secret commercial
영업소	établissement, agence
영업시간	heures d'ouverture
영업용자산	actifs d'exploitation

영업일	jour ouvrable
(영업)금지	prohibition, interdiction, prohibition (예)경제 발전에 영향을 미치다. Avoir un impact sur le développement économique
영업중	ouvert (예)영업을 시작하다. Commencer une affaire. (예)사건을 잠정적으로 중단하다. Suspendre une affaire. (예)영업을 하고있다. Entreprendre une affaire.
예산적자	déficit budgétaire
외채	dette en devises étrangères
외화보유고	stock de devises, réserves en devises
외환위기	crise financière
원가 계산	méthode du coût de revient complet, comptabilité analytique d'exploitation
유동 부채	passif à court terme
유동 비율	ratio du fonds de roulement
이용 가능 자산	fonds disponibles
인건비	coût de la main-d'oeuvre
일반 회계	compte ordinaire, compte d'exploitation général, comptes généraux
자본 지출	dépense d'investissement
자본금 계정	compte de capital
자영업자	travailleur autonme
자재비	coût des matériaux
재분배정책을 실시하다	effectuer des redistributions
재화시장	marché pour un bien
재화와 용역	biens et services
재화와 용역의 공적 투입	financement public direct de biens et de services

저금리시대의 막을 내리다	fin du cycle mondial de baisse des taux d'intérêt
중소기업 지원계획	plan de soutien aux PME
중앙은행	banque centrale
증권거래소	bourse des valeurs
파리 증권거래소	Bourse de Paris.
지대추구	recherche de rente [정의]지대추구(rent seeking:초과이윤추구)란 정부의 경제규제로 독점상태가 유지되면, 그 독점상태로 이익을 보는 회사가 그 독점상태를 유지하기 위해, 정부에 뇌물제공과 로비하는 현상을 말한다. 여기서 지대란 독점적 이익을 뜻한다.
이익, 흑자	profit, excédent
지방공공단체의 예산	budget des collectivités locales
초과이윤	surprofit, superbénéfice
지불 정지 지시	opposition
채무 계정	dette
체불 임금	rappel de salaire
최적과세론	taxation optimale
케인즈주의	keynésianisme
코우즈 정리	théorème de Coase
통화팽창론자	inflationniste
특별 회계	comptes spéciaux
판매 호조	forte progression des ventes (예)판매가 호조를 보이다. Les ventes sont au beau fixe, forte progression des ventes.
판매저하	baisse des ventes
패리티 가격	prix de parité

평가절상, 재평가 réévaluation

(예)중국은 위안화에 대한 엔화의 평가 절상을 발표했다.
La Chine annonce la réévaluation du yuan par rapport an yen.

평가절상하다, 재평가하다 réévaluer

평가절하 dévaluation

평가절하하다 dévaluer

(예)프로그레스 페이먼트. Paiement proportionnel.

혁신지원 soutien à l'innovation

현금 계정 compte de caisse

회계 기간 période intermédiaire

회계 기준 normes comptables

회계 단위 division comptable

회계 보고 communication de l'information financière

회계 서류 document financier

회계 시스템 système comptable

회계 연도 exercice financier, année fiscale

회계 주임 chef comptable

회계감사관 vérificateur, auditeur

회계관 comptable en entreprise

회계부 livre comptable

회계사무소 bureau de comptabilité

회계원 agent comptable

회계사 expert-comptable

회계학 comptabilité

과세소득 revenu imposable

법인세 impôt sur les sociétés, impôt sur les revenus des personnes juridiques.

경제

시장

가격 변동	fluctuation des prix
가격 인하	baisse des prix
가격 조정	contrôle des prix
가격 책정	évaluation, valorisation, fixation des prix, prisée
가격 탄력성	élasticité prix, de la demande, élasticité–prix
가격 파괴	casse des prix, prix cassés
가격표	tarif
경기변동	fluctuation économique
경기회복	reprise des affaires
경기후퇴	marasme économique
공정가격	prix fixé par les pouvoirs publics
균일가격	prix unique
도매가격	prix de gros
불경기	mauvaise conjoncture, crise économique
생산자가격	prix de revient, prix à la production, prix du producteur, prix coûtant, prix de fabrique
소매가격	prix de détail
소비자가격	prix à la consommation
예상가격	estimation du coût
일사분기	premier trimestre
이사분기	deuxième trimestre (예)2사분기의 성과를 되풀이할 역량이 있다. Être en mesure de rééditer la performance du deuxième trimestre.
삼사분기	troisième trimestre (예)삼사분기에 미국보다 높은 성장세를 보이다. Afficher au troisième trimestre un dynamisme supérieur à celui des Etats-Unis.

사사분기	quatrième trimestre
시장 포트폴리오	portefeuille de marché
시장의 문제점을 해결하다	remédier à des échecs de marché
가격경쟁력	compétitivité des prix
공동시장	marché commun
동원하다	mobiliser
자금 동원	mobilisation de fonds (예)70–100억 달러를 동원하다. Mobiliser entre 7 et 10 milliards de dollars.
자금 동결	gel de fonds
자금 통제	contrôle de fonds
자금난	difficultés de trésorerie
자금원	pompe à finance
자금줄	ligne de fonds
공적자금	fonds public, capital public
구제자금	caisse(fonds) de secours, secours publics
군자금	fonds militaires
시장점유율	part de marché (예)1년 내에 시장점유율을 두배로 늘리다. Doubler sa part de marché en 1 an.
가계 소비지출	consommation des ménages
가계정	compte d'attente, compte d'ordre
가변 비용	coût variable, frais variables, frais de remplacement
가변 요소	facteur de variation
가변 자본	capital variable
가산금	majoration de tarif, complément de taxe
가전제품	produit ménager

가중처벌	pénalité supplémentaire
가처분 소득	revenu disponible
가치체계	système de valeurs
등가(동량)	équivalence
개인재산	propriété de l'individu
거래 일기장	brouillard
경계, 한계	barre
경기 과열	surchauffement de l'économie, surchauffe de l'économie
경쟁력 증가(증대)	gains de compétitivité
경쟁업체	concurrent, entreprise concurrente

경제

금융

총통화	masse monétaire(d'un pays)
추세	tendance
콜금리	taux d'intérêt sur les prêts à courte échéance
태환	conversion
통화가치	valeur de la monnaie
통화관리	contrôle de la monnaie
통화량	quantité de monnaie en circulation
통화발행고	montant de monnaie
통화수축	déflation monétaire
통화안정	stabilisation monétaire
통화안정기금	fond de stabilisation monétaire
통화유입	afflux de devises
통화유출	sortie de devises
통화저락	dévaluation monétaire
통화조절	régulation monétaire
통화통제	contrôle monétaire
통화팽창	inflation monétaire
투자	placement, investissement, mise de fonds (예)외국직접투자를 가장 많이 받아들인 나라가 되다. L'un des premiers récipiendaire d'investissements directs étrangers. (예)총액이 대략 …정도 되는 투자. Des investissements d'un montant total estimé à ... (예)투자자 유치에 어려움을 겪다. Avoir du mal à attirer les investisseurs.
해외 투자자	investisseur étranger
해외간접투자	investissement de portefeuille à l'étranger
외국자본의 투입(유입)	afflux de capitaux étrangers

민간 및 해외 투자자 investissseurs privés et étrangers

(예)외국 투자자들에게 철도를 개방하다.
Duvrir les chemins de fer aux investisseurs étrangers.

외환시장 marché des changes

(예)외환시장의 심한 불안정성.
Forte volatilité sur le marché des changes.

환율 taux de change, cours de change

(예)유로 달러 환율. taux de change euro contre dollar.

환율변동 보험 assurance contre des risques de fluctuation des taux de change

고정환율 taux de change fixe

(예)공개입찰을 고려하다. Envisager de lancer des appels d'offre.

(예)공개입찰을 내는 것을 고려하다.
Envisager de lancer des appels d'offre.

환율불안 instabilité des taux de change

외국환 devises

고금리 taux d'intérêt élevé

고수익 프로그램(사업) programme(projet)hautement lucratif

고유 상품 notre propre produit

고정자산 biens immobiliers(immeubles)

공공재산 propriété publique

공동담보 gage commun

공업제품 produit industriel

공유재산 propriété publique

공인 회계사 사무소 cabinet d'expert-comptable

공장 usine, fabrique, manufacture, atelier(소규모)

공제 imputable

구매계약 contrat d'achat

구매력	pouvoir d'achat
구매욕	volonté d'acheter
구매자	acheteur(se), acquéreur(se)
구매지출	dépense des biens
구상과 생산	concevoir et produire
국가경쟁력	compétitivité nationale
국가경제	économie nationale
국내 수요	demande interne (예)국내 수요가 회복세를 보이다. Assister à un recentrage sur la demande interne.
국민후생 증대	améliorer l'état de santé et de bien-être de la population
국유재산	propriété de l'État
국제 경쟁 입찰	appel d'offres international
국제(무역)수지	bénéfice international(commercial)
국제통화기금	Fonds Monétaire International(FIM)
국책사업 민자유치	concession d'infrastructure
규모의 경제	économie d'échelle (영)economy of scale
금리	taux d'intérêt (예)중앙은행이 금리를 인상한다. La banque centrale élève son taux d'intérêt.
금융가	milieu(x)financier, secteur financier
금융거래	relations financières, opérations financières
금융권	monde financier
금융기관	organisme financier, établissement financier
금융자금	crédit
기대부흥	satisfaire les attentes

기대에 못미치다	être loin des attentes
기대지수	indice d'enticipation
기대하다	s'attendre
기본 규정	règles de base
기술 원조	apport de technologie
기술력	capacité technologique
기술집약적	intensif en technologie
기업 계열사	filiale
기업구조조정	restructuration de l'entreprise
국영기업의 전반적인 구조조정	restructuration complète des entreprises d'Etat (예)공기업의 경영 성과를 개선시키다. Rendre plus performante la gestion de l'ancien géant public.
기준치	niveau de référance, barre moyenne
독주	hégémonie
내수	ventes nationales
내수 회복	reprise interrieur
네배 증가	quadrupler
노동력	main-d'œuvre
농업경제	économie agricole
단기어음	traite(effet)à courte échéance
장기어음	traite(effet)à longue échéance
달러	dollar, billet vert
대외수출	exportation vers l'étranger
대한상의	conseil des commerces
대형할인매장	grande surface, hypermarché, chaîne française, marché de la grande distribution
도매소매	vente de gros et de détail

매상 총이익	gross margin
매입, 매수	rachat
매입하려는 시도	tentative de rachat
명목 소득	revenu nominal
명목임금	salaire nominal
명목자본	capital(aux)nominal(aux)
명목화폐	monnaie de compte
목축업	élevage
무역	commerce extérieur
무역규모	volume du commerce
문화산업	industries culturelles
물자 조달	fourniture de biens matériels
미국서부텍사스중질유	pétrole brut de type WTI(West Texas Intermediate)
반독점법	loi anti-monopole
반독점법의 시행	entrée en vigueur d'une loi anti-monopole
배당, 배급, 할당, 배정	dotation
보수적 입장	position conservatrice
중립적 입장	position neutre (예)중립적 입장을 취하다. Privilégier une attitude de neutralité. (예)중재자역할을 하다. Jouer les médiateurs.
부가가치	valeur ajoutée(VA)
부가되다, 덧붙여지다	se greffer
부도나다	faire faillite
보증수표	chèque certifié
부도수표	chèque sans provision, chèque en bois
부도어음	effet de commerce(lettre de change, billet à ordre)non honoré(non payé), effet impayé, traite refusée

분야, 부문	secteur, domaine
브랜드(업체명)	enseigne
브렌트유	brut de type Brent
비리, 부패	être interpellé pour corruption
사명	raison sociale
사상최고치 경신	établir un nouveau record historique
사업권자	concessionnaire
사유재산	propriété privée
산업, 공업	industrie
살얼음판	vergla
상승, 성장, 급등	flambée, croissance (예)성장 활력을 지속시키다. Pérenniser la dynamique de croissance.
상업	commerce
상장기업	entreprise côtée
상품	marchandise
생산	production
석유생산	production de pétrole
선물환	change à terme
선순환	mécanique vertueuse
설비, 시설	équipement, outillage
섬유류	produit textile
세계무역	commerce mondial (예)세계 무역구도를 뒤바꾸다. intervertir(renverser, bouleverser) la structure du commerce mondial.
세계시장	marché mondial
국내시장	marché intérieur

세계적 규모의 기업	groupe d'envergure internationale, entreprise de dimension mondiale
소득	revenu
소득액	montant des revenus
소비	consommation dépense
소비 다양화	diversification de la consommation
소비거점	pôle de consommation
소비지출	consommation des biens
소수독점	monopolisation par une minorité
소폭상승	légère augmentation accroitre timidement
손익 분기	seuil de rentabilité, point mort
손익 분기도표	graphique de rentabilité
손익계산서	compte de résultat compte des pertes et profits
수입	importation
수출	exportation
수출면장	permis(licence)d'exportation
수출상품	produit d'exportation
수출송장	facture pour l'exporation
수출시장 확대	expansion du marché d'exportation
수출원가	prix à l'exportation
수취증서	accusé de réception
수표	chèque
순이익	profit net
시장 점령	conquête des parts de marchés
시장경제	économie du marche (예)시장변동따라 조정되다. Être ajuster en fonction des fluctuations du marché.

시장점유율	part de marché (예)시장점유율을 차지해나가다. Construire sa part de marché.
신용등급	crédibilité financière
신용보증	garantie de crédit
신용장	lettre de crédit
신용카드	carte de crédit carte bleue
실물거래	opération au comptant
실물경제	économie de troc
실물시장	marché au comptant
실업	chômage
실업자	cchômeur(euse), sans domicile fixe (SDF), sans-abri, sans emploi
실행하다	passer à l'acte, exécuter
심문하다	interpeller
안전통신시설	du matériel pour la sécurité et les communications
안정시키다	stabiliser
암거래	marché noir
암초에 걸리다	être dans une impasse, battre les ailes
약속어음	billet à ordre traite
어업	pêche
이체	virement
업무능률	efficacité du travail
여객운송노선	lignes de passagers
역내무역	commerce intra régional [정의]관세동맹이나 자유무역지역 등과 같이 경제통합이 이루어진 지역에서 가맹국간에 이루어지는 무역
영업 노하우	savoir–faire commercial

영업부(과)	division de vente service commercial
영업순이익	bénéfice net de l'exercice
영업을 쉬다	suspendre une affaire
영업의, 무역의, 상업의	commerciaux
예금수표	chèque de banque
예측하다	prévoir, estimer
오락	loirsir
오락문화생활 관련 소비지출	consommation des biens culturel et des divertissements
외화	devise
운영권	exploitation de l'ouvrage
운하(배가 다닐 수 있는)	canal navigable
원래 수준을 회복하다	retrouver son niveau
원료	matière première
원자재	matériau(x)brut
원자재 가격	prix des matières premières
원자재의 안정적 공급확보	s'assurer une sécurité de l'approvisionnement pour ses matières premières
유,무상 증자	par apport en numéraire(en nature)
유가	prix du pétrole, prix du brut
유가상승	flambée du prix du pétrole, hausse des prix du pétrole, les prix du pétrole se sont envolés
유동자본	capitaux circulants
유로존	zone euro (예)유로존 거의 전역에서 성장이 강세를 보이다. L'accélération est quasiment uniforme au sein de la zone euro.
유지하다	maintenir, stabloner

유형재산	biens corporels
무형재산	biens incorporels
은행	banque
이익(부가가치)	bénéfice, intérêt, profit
이익(부가가치 창출)	réaliser un bénéfice, une valeur ajoutée, chiffre d'affaires
빚(부채)	dette, emprunt, surendettements
이익 상승	hausse des taux d'intérêt
이중환율제	double système de taux de change
이차산업	industrie(secteur)secondaire de l'économie
인수(매수)	rachat (예)더 좋은 가격으로 인수하다. Acquérir à un meilleur prix. (예)인수합병에 대한 새로운 규정을 도입하다. L'instaurationer de nouvelles règles sur les fusions-acquisitions.
인터넷 거품으로 인한 주식시장의 호조	euphorie boursière et de la bulle internet
인플레이션	inflation
일인당 국민소득	revenu par tête
일자리를 만들다	créer des emplois
일차산업	industrie(secteur)primaire de l'économie
입출력장치	périphérique d'entrée-sortie (영)input-output unit, input, output device
잉여가치	plus-value
잉여소득	revenus excédentaire
자금, 융자, 투자	financement, investissement
자기앞수표	chèque au porteur
자본	capital(aux), fonds
자본 유치	attirer des capitaux (예)자본과 기술협력을 통해 À travers des investissements en cash et des coopérations techniques

자족경제	autarcie
재산목록	inventaire de la fortune
재산상속	héritage, succession
재산양도	cession de biens
재수출	réexportation(s) (영)reexport [정의]수입한 상품을 다시 수출하는일. 흔히, 수입된 원료를 가공되고 정제된 뒤에 다시 수출하는 일을 말한다.
재정	finances
재정난	difficultés financières, embarras financiers
재정적자	finances déficitaires, déficit financière
저당	hypothèque
저물가	bas prix
전망	pronostic, prévision
전세계명품시장	marché mondial du luxe
점원	employé de magasin
점포	points de vente
정기거래	marché à terme
정상에 오르다	atteindre le sommet
제 2의 도약	nouvel(second)élan
조합	syndicat
조합원	syndiqué(e)
종합물가지수	indice général des prix
주식의 교환	échange d'actions
주요 에너지 자원	principale ressource énergétique
중국 회사들과 합자	s'associer à des entreprises chinoises
중국경제에 있어서의 장애	un goulet d'étranglement pour l'économie chinoise

증가, 상승하다	être en hausse, augmenter (예)증가 추세에 있다. Être en constante progression.
증여재산	biens de donation
지속가능한 발전	développement durable
지식경제	économie du savoir
지점, 지사	surccursale, filiale ressources naturelles
차지하다	acquérir
채권반제(변제)	remboursement d'un crédit
첨단산업	industrie de pointe
초기 추정치	première estimation
파리 상공회의소	CCIP(la Chambre de commerce et d'industrie de Paris)
평가, 실사	exercice
프랑스 은행연맹	Fédération Française des Banques
프랑스상공회의소(서울)	Chambre de Commerce Française de Séoul
하반기 경제도 살얼음판	prévision morose au 2nd semestre
한국의 주력수출상품	produits-phares de l'exportation coréenne
해외 무역의 추진력	impulsion du commerce extérieur
헐값에 팔아치우다	brader
협약의 유효성이 인정되지 않다	accord non validé
중앙정부가 협약의 법적 유효성을 인정하지 않았다	L'accord n'a pas été validé par le gouvernement central.
화물열차역	gares de fret
흔들리다, 절뚝거리다	piétiner

정치

의회

국회	Assemblé nationale, Parlement (예)의회에 법안을 제출하다. Déposer une proposition de loi à l'Assemblée Nationale.
국회회기	session de l'Assemblée nationale
정기국회	session ordinaire du Parlement(de l'Assemblée)
임시국회	session extraordinaire du Parlement
제헌국회	assemblée constituante
의회	parlement chambre congrès
의회사무총장협회	Association des Secrétaires Généraux des Parlements (ASGP)
의회제도	institution parlementaire
의회민주주의	démocratie parlementaire
단원제(일원제)	monocaméralisme
양원제	bicaméralisme
비례대표제	représentation proportionnelle
상원(미국)	Sénat, chambre haute
상원(영국)	Chambre des Lords
하원(미국)	Chambre des représentants, chambre basse
하원(영국)	Chambre des Communes
의석	siège

의원	député, parlementaire, membre du parlement
국회의장	président(e)de l'Assemblée nationale
국회의원	député, élu, membre du parlement
상원의원	sénateur(trice)
하원의원	député, membre du parlement
여성의원	femme–député
시의회	conseil municipal
시의원	conseiller municipal
연방의회	parlement fédéral
지방의회 의원	élus locaux
무소속 의원	député indépendant
의회운영방식	mode de fonctionnement des parlements
입법권	pouvoir législatif
자주권	autonomie droit de souveraineté
의제	ordre du jour
의결	résolution
의안부결	rejet d'un projet
제정하다	instituer, établir, rédiger (예)새로운 기본법을 제정하다. rédiger une nouvelle loi fondamentale.
질서의 요소	facteur d'ordre

최우선적으로	en tout premier lieu
친미주의	proaméricanisme
특권을 가지다	avoir le privilège
프랑스민주동맹	Union pour la Démocratie Française(UDF)
활동가, 운동가	militant(e)
(도덕적)기준, 규범	repères
가치관의 혼돈	crise des valeurs
관용	tolérance
노동의 가치 복원	réhabiliter les valeurs du travail
답보, 마비	paralysie
현대화 돌입	entrer de plain-pied dans la modernité
불확실한 시기, 어수순한 시기	période d'incertude
비관용적인 태도	intolérance
상징적 제스쳐	geste symbolique
염원	exigence
주도적	initiative (예)주도적으로 나서다. prendre des initiaives.
게리맨더링	truquage des circonscriptions, découpage arbitraire des circonscriptions (영)Gerrymandering [정의]특정 정당이나 특정 후보자에게 유리하도록 자의적으로 부자연스럽게 선거구를 정하는 일

격노, 분노 exaspération

결정하다(선택하다) arrêter

(예)프랑스 국민의 선택은 아직 확정(결정)되지 않았다.
Le choix des Français n'est pas encore arrêté."

계산하다 décompter

(예)표수를 계산하다. Décompter des suffrages.

기표소 isoloir

난외 서명 émargement

전 기획예산처 장관 l'ancien ministre de la Planification et du Budget

정책을 실행하다 mettre en oeuvre des politiques

정책의 조율을 원활 하게하다(일관성) faciliter la convergence des politiques

(예)2007년 대선을 위해 성장을 지속시키다.
Soutenir la croissance en vue de l'élection présidentielle de fin 2007.

(예)5%가 넘는 성장률을 예상하다.
Prévoir un taux de croissance de plus de 5%.

사회적 도움의 손길 accompagnement humain

노동의 정당한 대가를 받으면서 살다. vivre dignement de son travail.

노숙자쉼터 마련 임시주거지 제공 créer une place d'hébergement d'urgence

다시 회복하다, 건강을 찾다 se remettre d'aplomb

주거안정 sécurité logement

(예)2007년 한 해 새해 복 많이 받으시기를 진심으로 기원합니다.
Souhaiter du fond du coeur une bonne année 2007.

(예)프랑스의 보편적인 가치를 세계에 널리 알리다.
Faire rayonner dans le monde les valeurs universelles de la France.

대안세계화주의, 대안세계화운동 altermondialisme

[정의]L'altermondialisme est l'ensemble des conceptions défendues par des partisans de l'altermondialisation, un mouvement de la société civile qui conteste le modèle libéral de la mondialisation et revendique un mode de développement plus soucieux de l'homme et de l'environnement.

정치

선거

선거	élection
기권율	taux d'abstention (예)선거의 종류에 따라 기권율이 매우 다양하다. Le taux d'abstention est très variable selon le type d'élections.
선거관리위원회	commission nationale de contrôle de la campagne élelctorale, comité électoral(aux).
선거구	circonscription électorale
선거구의 전유권자	collège électoral
선거권	droit de vote
선거기간(철)	période électorale
선거운동	campagne électorale
선거인	électeur(trice)
선거전	bataille électorale
입후보	dépôt des candidatures (예)입후보 마감시간. Date limite de dépôt des candidatures. (예)입후보자가 미디어에 출연한 시간. Temps de présence à l'antenne des candidats déclarés.
여론조사	sondage enquête d'opinion
여론조사 기관	instituts de sondage
거리 여론조사	micro-trottoir, micros-trottoirs
지지도	cote de popularité
여론조사 지지도	cote de popularité dans les sondages

대통령 선거, 대선 élections présidentielles, présidentielles

(예)대선에 출마하다. Se présenter à l'élection présidentielle

(예)2007년 대통령 선거에 출마할 사회당 공식후보.
Candidate du Parti socialiste(PS)pour la présidentielle de 2007.

최초의 여성대통령 première femme présidente

차기 대통령 선거 prochaines élections présidentielles

대통령직 présidence

(예)공식적으로 대통령직을 맡다.
Prendre officiellement ses fonctions de Président.

(예)공식적으로 프랑스 대통령에 취임하다.
Prendre officiellement ses fonctions de Président de la République française.

대통령후보, 대선후보 présidentiable, candidat(e)à la présidentielle

무소속 indépendant(e)

무소속 후보 candidat indépendant

눈부신 승리 éclatante victoire

선거공약 pacte présidentiel, programme et propositions, programme électoral(aux)

대선의 분위기(판도) configuration présidentielle

국회의원 선거 élection législative

지방 선거 élections locales et régionales

(예)지방선거에서 참패하다.
Subir une terrible défaite aux élections locales.

직접 선거 vote direct

총선	élections législatives, élection générale
비밀 선거	vote secret
부분 선거	élection comlaimentaire
보궐 선거	élection partielle
평등 선거	suffrage égal
제한 선거	suffrage restreint
보궐 선거	élection partielle
보통 선거	suffrage universel
직접선거	suffrage direct
간접 선거	suffrage indirect
피선거권, 피선거자격	droit d'éligibilité
투표,(국회의)표결	scrutin, vote (예)표결에 붙이다. Le mode de scrutin passe de proportionnel à majoritaire, procéder à un scrutin (예)투표하러 가다. Se rendre aux urnes.
투표소	bureau de vote scrutin
투표함	urne
투표율	taux de participation
투표 개시	ouverture d'un scrutin
투표 마감	clôture d'un scrutin, fermer le scrutin
투표 용지	bulletin de vote

투표 절차	opérations de vote (예)투표절차를 감독하다. Contrôler les opérations de vote.
거수 투표	vote à main levée
기립 표결	vote par assis et levé
최고(과반) 득표자	scrutin majoritaire
재투표	scrutin de ballotage
기명 투표	scrutin public(secret)
무기명(비밀)투표, 비밀선거	scrutin secret, suffrage secret
부재자투표	vote des absents
국민투표	référendum
단기 제2회제 투표	scrutin uninominal à deux tours
공개(기명)투표	scrutin public
1차 투표	premier tour de la présidentielle, le premier tour de scrutin (예)1차투표는 2007년 4월 22일에 있을 것이다. Le premier tour de scrutin aura lieu le dimanche 22 avril 2007
2차투표, 결선투표	second tour
재검표	recomptage des voix (예)표를 하나씩 다시 세다. Recompter bulletin par bulletin
유동투표층	électorat flottant, électeur indécis
선거 기권	abstention
선거 참여율 저조	faible participation

지지표 | voix obtenue, électeurs partisans

예상을 유지하다 | maintenir son pronostic

TV토론 | débat télévisé
(예)토론의 질을 높이다. Tirer le débat vers le haut

후보간 TV토론 | débat télévisé entre les candidats

출구조사 | sondage à la sortie des bureaux de vote
[정의]Prédiction des résultats de l'élection, déterminés d'après des questions posées aux électeurs après qu'ils ont voté.

개표 | dépouillement des votes(du scrutin)

개표위원 | scrutateur

집표 | comptage des votes

득표수 | suffrages

유효표 | vote valide, suffrage exprimé

무효표 | bulletin(vote)nul(rejeté)
[정의]Le vote nul correspond à des bulletins déchirés ou annotés et qui ne peuvent pas être pris en compte lors des opérations de dépouillement.

기권표 | abstention

백지표 | bulletin(de vote)blanc
[정의]Le vote blanc consiste pour un électeur à déposer dans l'urne un bulletin dépourvu de tout nom de candidat(ou de toute indication dans le cas d'un référendum).

낙선되다, 참패하다 | être battu, subir une défaite
(예)국회의원 선거에서 낙선되다.
Subir une nette défaite aux élections législatives.

패배를 겪다	essuier une défaite
투표의사(의향)	intention de vote
절대과반수, 절대다수	majorité absolue des suffrages exprimés
선거인 명부	liste électorale, fichier électoral, liste des électeurs
선거민, 선거인단	corps électoral
선거법상의 성년	majorité électorale
성년이 되다	atteindre l'âge de la majorité
부정선거, 선거부정	fraude électorale
선거비용	frais de campagne électorale (예)선거비용을 환불받다. Être remboursé des frais de campagne électorale.
선거에 입후보하다	se porter à une élection
선거유세(선거캠페인)	campagne electorale
유권자	électeurs, électorat
과반수이상의표	majorité des suffrages
좌파에 의한 대선 승리	reconquête républicaine par la gauche
추천, 후원	parrainage
물밑 접촉	rencontre clandestine
결과조작	manipulation des résultats
표매수	achat de voix
선동가	démagogue
선동하다	faire de la démagogie

소환	convocation
신분증	pièce d'identité
앞서가다	avoir une longueur d'avance (예)A가 B보다 앞서간다. A prend une longueur d'avance sur B.
주변에 모이다, 결집하다	se réuni autour
타인에게 마음을 열다, 관심을 갖다	se lancer(se tourner)vers les autres
포퓰리즘(대중영합주의)	populisme
해산하다	dissoudre
현행법에 따라	selon la législation en vigeur
사상초유의	sans précédent
대의제, 간접민주정치	gouvernement représentatif
동화, 편입	insertion
마음속 깊이 바라다	souhaiter au fond du coeur
명석함, 통찰력	lucidité (예)그의 성공은 여러분의(당신의)명석함과 결정에 의해 좌우될 것이다. Sa réussite dépendra de votre engagement et de votre lucidité.
방황하는 청소년	jeunes à la dérive
본질적 문제	problème de fond
부여하다, 할당하다	assigner (예)정부에서는 그들에게 사명과 재원을 마련해주어야 한다. Il faut que la nation leur assigne une mission et des moyens.
부적, 호신부, 행운의 징표	talisman
열망하다	briguer

정치

정권

청와대	maison bleue, palais présidentiel coréen, résidence officielle du président de la République de Corée
새로운 정세	nouvelle donne
새로이 도약하다	porter un nouvel élan
새출발하다	repartir du bon pied
실질성과로 평가받다	être jugé(e)sur la réalité de son bilan
과거와의 단절	rupture avec le passé
새로운 기회를 주다	donner une nouvelle chance
임기	mandat (예)임기를 채우다. Remplir un mandat.
임기기간	durée du mandat, durée de la fonction (예)대통령임기를 변경하다. Modifier le mandat présidentiel.
5년 임기제 도입	instauration du quinquennat
7년 임기제	septennat
대통령제	régime présidentiel, présidentialisme
대통령중심제	système de gouvernement présidentiel
대통령 여당 연합	union pour la majorité présidentielle
내각 책임제	régime ministériel
지지율	cote de popularité (예)지지율이 높다(낮다). Avoir une cote élevée(basse).

지지층	assise électorale(politique)
지지자	partisan, supporter, supporteur
쿠데타	coup d'État
탄핵	accusation, condamnation, destitution
탄핵연설	diatribe
탄핵재판소	cour chargée de la destination d'un haut responsable politique
폭탄선언	déclaration foudroyante
노선의 변경	changement de cap
명문화하다	rendre public, inscrire, stipuler
명백히 하다	mettre en évidence
명분	cause, devoir(justification)moral
민영화	privatisation
민심	sentiment populaire, opinion du peuple (예)민심은 천심이다. Voix du peuple est voix de Dieu. (예)상인들의 표심을 사다. Siphoner les voix des commerçants
노동정책	politique du travail
식민정책	politique coloniale
농업정책	politique agricole
강경책	mesures énergiques, politiques rigoureuses
강압정책(정치)	politique d'oppression(répression)

금융정책 politique financière

식민통치 administration coloniale, gouvernement colonial

원론적 답변 réponse trop générale

의무를 이행하지 않다 faire défaut

임기응변의 재주가 있다 avoir du répondant

현 체제(제도)를 유지하다 préserver les institutionsactuelles

화합, 조화, 균형 union, accord, entente, harmonie

(예)600년 전부터 한국의 수도인 서울은 과거와 현재 사이에 균형이 존재하는 곳이다.
Séoul capitale de la Corée depuis 600 annés, haut lieu de l'harmonie entre passé et présent.

화해, 조정 réconciliation

화해하다, 조화시키다 réconcilier

(예)까다로운 문제를 잘 해결해나가다. Mener à bien l'épineux dossier.

주권 souveraineté, certificats d'actions

여성참정권 droits politiques des femmes

계엄령 état de siège, loi martiale

(예)계엄령을 선포하다. proclamer al loi martiale.

공권력(정부)의 권위 autorité de la puissance publique

끝없는 지지 détermination(soutien)sans failles

관료정치 pouvoir(influence)politique des hauts fonctionnaires

관료제 système technocratique

관료주의	fonctionnarisme, technocratie, bureauarate
공권력	force publique
직권남용	abus d'autorité
중심적 역할을 하다	jouer un rôle pivot
정계를 개편하다, 정치권 새 판을 짜다	restructurer le paysage politique
소폭 개각	remaniement ministériel partiel
정치적 무관심	désintérêt politique
정치무대를 떠나다	quitter la scène politique, se retirer de la scène politique
동의를 얻다	recueillir leur consentement
비난	réprobation
정부안	projet ministériel(gouvernemental(aux))
실권자	personne au pouvoir, personne influente, personne qui fait autorité
대안세력	pouvoir alternatif
국정감사	inspection générale de l'administration
자유, 평등, 박애	liberté, égalité, fraternité
작은 정부	petit gouvernement
제5공화국	Vème République
업무시작, 승계	prise de fonction
일에 착수하다	se mettre au travail
정권교체	alternance politique

행동, 행위	action
국가이미지 제고	modifier l'image d'un pays (예)한국이미지를 제고하다. Renforcer l'image dela Corée.
국민, 시민	concitoyens
어려움을 극복하다	surmonter les épreuves
대의민주주의	démocratie représentative
법치주의	constitutionnalisme, légalisme
신자유주의	néolibéralisme
기회주의	attentisme, immobilisme
반유태인주의	antisémitisme
반혁신주의	immobilisme
보수주의	conservatisme
행정 관청	pouvoirs publics
행정권	pourvoir exécutif
미국과 협상중인 자유무역협정	l'accord de libre échange avec les Etats-Unis actuellement en cours de négociation
협상이 결실을 맺다	Les négociations ont aboutis à des résultat fructueux.
지정학적 위치	configuration géopolitique
양극화	polarisation
성장이 감소하는 추세이다	la croissance est sur une pente descendante
주도권을 부여하다	donner la haute main

정치

정당정치

정당	formation politique, parti politique
정치체제	régime politique, institutions politiques
당파싸움	clivages partisans
보수–진보대립	clivage droite-gauche
여당(집권당)	parti au pouvoir, majorité
야당(소수당)	parti de l'opposition, l'opposition,(소수당)minorité
정치판	échiquier politique, monde de la politique
정치노선	ligne politique
정치사상	idées politique, opinions politiques (예)사상적 기반이 되다. Fondement intellectuel.
정치의식	niveau de conscience politique
진보정당	parti progressiste
보수정당	parti conservateur
수권정당	parti autorisé
민주당	parti démocrate
사회당	parti socialiste(P.S)
탈당하다	quitter le parti
분당	scission du parti
합당하다	fusionner

당원	adhérents du parti
정치공작	manœuvre politique
정치인의 유명인사화	peopolisation
부정부패, 비리	corruption
정치스캔들	scandale politique
부패 스캔들	scandale de corruption
비자금	peau de vin
정치자금	fonds politiques
한나라당 대표	président(e)du grand parti national
기초단체	collectivité locale
강경파	partisant(e)intransigeant(e)
파벌주의	sectarisme
공천, 지명(정당의 입후보자)	investiture, parrainage, signatures d'élus
공천대회	congrès investiture
창당대회	congrés pour la formation d'un parti
전당대회	congrès(national), grande assemblée
극우파	extrême-droite
좌파 단체	formation de gauche
극우파의 부상	poussée de l'extrême-droite
엑서더스	exode

모이다	se rassembler
경제각료 간담회	délibération des ministères intéressés aux questions
경제계획	plan économique
경제체제	système économique
국가예산	budget national
국무총리, 수상	premier ministre
끌어들이다, 연루시키다	faire impliquer
반투기법의 남용을 억제하다	remédier aux excès de la législation anti-spéculation
백서(정치)	livre blanc
법치국가	État constitutionnel
연방국가	État fédéral
연방정부	gouvernement fédéral
연방제	système fédéral
본회의	séance plénière
상기하다	évoquer
자주국	État indépendant
동북아시대	l'ère de l'Asie du Nord-Est
물류기반	équipements logistiques
번영의 공동체	communauté de prospérité

평화의 공동체	communauté de paix (예)지역 공동체를 형성하다. Former une communauté d'intérêts.
국민전선	Front National(FN)
리베라시옹	Libération

행정

행정

중심성	centralité
지방분권	décentralisation
지방자치단체	collectivité locale
공직	fonction publique (영)civil service
중앙정부	gouvernement central
중앙집권	régime centralisateur
지방분권	régionalisation, décentralisation
행정기구	organisme administratif
행정기관	autorité administrative
권한 이양	transfert(transmission) d'un droit, transport de droit
주민 자치제	système d'administration autonome d'une collectivité, système d'organisation autonome de résidents
지방 자치제	système d'autonomie régionale
지방 자치단체	communauté d'autonomie régionale
자치권	droit à l'autonomie, autonomie
자치 단체(지자체)	organisation autonome, comité autonome
도	province, région, département
도지사	préfet, gouverneur, départemental
도의회	conseil général, assemblée départementale
도의원	député d'une province(d'une région)
특별시	ville spéciale
광역시	mégalapole
시	ville
시청 당국	autorités municioales
시장	maire

시의회	conseil de la municipalité, conseil municipal
시의원	conseiller(ère) municipal(e), député municipal
군	commune, division administrative du territoire coréen
구	arrondissement, circonscription, secteur
구청	mairie d'arrondessement
구청장	maire d'arrondissement
구의회	conseil municipal
구의원	membre du couseil municipal
지방 의회	conseil régional
행정 구역	zone administrative
행정 구역 개편	rezonage administrative, rectification d'un zonage administrative (예)행정부 내에서 여러 가지 직책을 담당하다. Occuper plusieurs postes importants dans son administration.
행정의, 관리의	administrative

행정

민원

민원	requête(demande, pétition) civile, plainte (réclamation) d'un citoyen
수입 인지	timbre de quittance, timbre(s)-quittance(s), timbre fiscal, papier timbré
혼인 신고	déclaration de mariage(à la mairie)
출생 신고	déclaration de naissance
전출 신고	décalration de mutation
서류 발급	délivrance d'un document
증명서 발급	délivrance d'un certificat
주민 등록	enregistrement de domicile
주민등록번호	numéro de carte d'identité nationale
주민등록증	carte d'identité nationale
주민등록등본	duplication d'un enregistrement de domicile
도장	sceau(x), cachet, timbre, tampon
인감증명서	certificat de validité légale d'un sceau
본적	commune de rattachement de naissance
호적	état civil
호적등본	extrait du registre d'état civil, extrati de l'état civil
부동산(토지) 등기	enregistrement d'un bien-fonds(d'un foncier)
토지등기부등본	duplication d'un cadastre
등기료	droits d'enregistrement
등기말소	suppression de registre
운전 면허	permis de conduire
운전 면허 시험장	examen de conduite(du permis de conduire)
국제 면허증	permis de conduire international

행정

도시행정

수도	capitale, métropole
수도권	région(zone) métropolitaine
신도시	ville nouvelle
도청	préfecture
도청 소재지	chef(s)-lieu(x)
시청	mairie, hôtel de ville
도시 인구	population(nombre d'habitants) de la ville
인구과잉(밀집)	surpeuplement, surpopulation, concentration de la population
인구 밀도	densité de population
인구 유입	afflux de la population, l'arrivée de la population
인구 조사	recensement démographique, dénombrement de la population
인구 집중	centralisation de la population
인구 정책	politique démographique
인구 과밀현상	phénoméne de surpeuplement(surpopulation), surcharge
도시 사막화	désertification de la ville
도시화	urbanisation
도심	centre-ville, centre de la ville, cœur de ville
시내	centre-ville, intérieur de la ville, en ville
외곽 지역	périphérie, extérieue, contour de la ville, bord, circonférence, pourtour, environs, alentours, banlieue
빈민층	classe défavorisée, laissé(e) pour compte
도시 확산	expansion de la ville
도시 계획	urbanisme, plan d'urbanisme

도시 공학	urbanisme
도시 재개발	rénovation, réaménagement, reconstruction
도시 재생	rénovation urbaine, urbanisme de rénovation
주차금지구역	zone de stationnement interdit
버스 전용 차선	voie réservée aux autobus, bande réservée aux autobus
도시 환경	milieu urbain
환경 미화원	technicien(ne) de surface(dans les jardins publics)
환경 복원 사업	projet de restauration de l'environnement
조경 사업	travaux pour architecturer le paysage
녹지 조성	aménagement d'espace vert
근린 공공 시설	structures d'accueil
근린 공원	parc voisin

행정

정부

행정 수반	chef de gouvernement
국가 원수	chef d'État
대통령	président(e) (예)대통령직을 맡다. Accéder à la présidence.
전직 대통령	ancien président, ex-président(e)
전임자	prédécesseur
후임자	successeur, héritier(ère), continuateur(trice), remplaçant(e)
대한민국 대통령	Président(e) de la République de Corée
대통령 거부권	droit de veto présidentiel
대통령 관저	résidence du Président
대통령 부인, 영부인	épouse du Président, la première dame
임명	nomination
취임식	cérémonie de prise de fonction, cérémonie d'installation
연설	discours, allocution (예)대통령이 국민앞에 연설을 한다. Le président prononce une allocution devant la population.
즉석연설	discours improviser, allocution improviser
당선 연설	allocution de victoire
신임	nouvelle nomination, nomination récente
단임	mandat unique, mandat non renouvelable
연임	renouvellement du mandat
청와대	palais présidentiel coréen, la maison bleue, résidence officielle du président de la République de Corée
수석	chef, premier(ère)
비서실	secrétariat, bureau du secrétariat
경호실	sécurité(présidentielle)

비서실장	chef de cabinet
총무	affaires générales, Secrétaire général
의전	protocole, cérémonie, formalité
대변인	porte-parole
내각	ministère, conseil des ministres, cabinet, gouvernement
개각	changement total ou partiel du Cabinet(du ministère)
재야 내각	cabinet fantôme contre-gouvernement
국가기관	organisme gouvernemental, institutions nationales
국가주요기관	grands corps de l'État
국가최고기관	organisme suprême gouvernemental
총리, 국무총리	premier ministre, président du conseil
법제처	ministère chargé de la législation
정부부처	Ministères
정부 산하기관	Organes attchés (affilié) au gouvernement
기획재정부	Ministère de la Stratégie et des Finances
국세청	Service National des Taxes, Direction Générale des Impôts, Agence Nationale des Impôts
관세청	Office(Agence) National des Douanes
조달청	Bureau d'Approvisionnement
통계청	Bureau des statistiques
교육과학기술부	Ministère de l'Éducation, de la Science et de la Technologie
통일부	Ministère de la Réunification
외교통상부	Ministère des Affaires Étrangères et du Commerce (International)
법무부	Ministère de la Justice
검찰청	parquet, Ministère Public

국방부	Ministère de la défense
병무청	Administration(Bureau(x)) de Recrutement
방위사업청	Administration de Programme d'Acquisition de Défense
행정안전부	Ministère de l'Administration et de la Sécurité Publique
경찰청	Agence Nationale de la Police
소방방재청	Agence Nationale(de Gestion) des Situations d'Urgence
지식경제부	Ministère de la Connaissance et de l'Économie
중소기업청	Administration de Petites et Moyennes Entreprises
특허청	Bureau des Brevets, Office de la propriété Intellectuelle de Corée
문화관광체육부	Ministère de la Culture, du Sport et du Tourisme
문화재청	Administration d'Heritage Culturelle
농림수산식품부	Ministère d'Aliment de l'Agriculture, du forestier et de la pêche
농촌진흥청	Administration du Développement(Aménagement) Rural
산림청	Service Forestier de Corée
보건복지가족부	Ministère de la Santé, du bien-être et des affaires familiales
식품의약품안전청	Administration des denrées alimentaires et des médicaments
환경부	Ministère de l'Environnement
기상청	Administration Météorologique de Corée
노동부	Ministère du Travail
여성부	Ministère de l'Égalité des Sexes
국토해양부	Ministère du Territoire et des Affaires Maritimes
해양경철청	Garde côtière coréenne

인준, 비준	ratification, approbation, validation, reconnaissance, consentement, homologation
무임소 장관	ministre sans portefeuille
행정고시	concours administratif
공무원	fonctionnaire
고위 공무원, 관료	haut fonctionnaire, technocrate
일선 공무원	fonctionnaire subalterne
하위 공무원	fonctionnaire subalterne
별정직 공무원	fonctionnaire extraordinaire
기술 공무원	fonctionnaire technique
행정 공무원	fonctionnaire administratif
세무 공무원	fonctionnaire fiscal
관료 조직	organisation bureaucratique
국무총리	premier ministre
장관, 각료	Ministre
장관급	avoir un rang de ministre
차관	vice-ministre
차관보	assistant(e) du vice-ministre
국장	chef du bureau(service)
과장	directeur
국무회의	conseil des ministres
감사원	service d'inspection
공공 정책	politique publique
공공투자	investissement public
정책 입안	élaboration d'une politique
정책 시행	pratiquer une politique

졸속 행정	administration expéditive
미봉책	expédient, moyen de fortune
관료주의	fonctionnarisme, technocratie
복지부동	désinvolture, laisser–aller
무사안일	vivre dans l'indolence, être pantouflard(e), tenir à ses aises
뇌물 수수	recevoir(accepter) des pots de vin
공직자 윤리	éthique(morale) des fonctionnaires
반정부	opposition au gouvernement, anti gouvernemental(ale, aux), contre le gouvernement, dans l'opposition
반정부군	armée antigouvernementale
전자 정부	e–gouvernement
전자 구매	approvisionnement électronique, aprovisionnement en ligne

행정

재정

정부 회계	comptabilité publique, comptabilité gouvernementale
예산	budget
정부 예산	budget national
예산 편성	établissement du budget, dresser le budget, préparer le budget
예산 초과	dépassement du budget, excéder le budget
예산 책정	établissement du budget
예산 집행	application budgétaire
경상 예산	budget ordinaire
국가예산	budget national
긴축예산	budget restreint
예산안	projet budgétaire
예산액	somme(montant) du budget
재정 정책	politique budgétaire
긴축 재정 정책	politiques(mesures) financières d'autérité
사업 예산 제도	rationalisation des choix budgétaires,
	PPPB planification, programmation, préparation du budget
일반 회계	compte d'exploitation générale
특별 회계	compte spécial
추가 경정 예산	budget additionnel, budget supplémentaire et rectificatif, crédits additionnels, adjonctions budgétaires
본예산	budget ordinaire
총수입	revenu brut
공공 지출	dépenses publiques
재정 상태	situation financière

한국의 재정상태	situation financière de la République de Corée
균형 예산	budget équilibré
흑자 예산	excédent budgétaire
예산 적자	déficit budgétaire, budget déficitaire(non équilibré), excéder le budget, dépasser le budget
재정 적자	finances déficitaires

행정

조세

조세, 세금	impôt, taxe, contributions(directes, indirectes)
세금부과	imposition de taxe
세금징수	perception de taxe
세수	recettes fiscales, produit de l'impôt
조세 제도	régime fiscal, régime d'imposition
조세 정책	politique fiscale
조세	impôt, taxe, contribution
조세 인상	hausse des impôts
공과금	taxes publiques
일반세, 단세	impôt unique
조세 부담	charge fiscal, fardeau fiscal, charge d'impôt, pression fiscale
조세 부담률	taux de charges fiscal, pression fiscale incidence de la taxe
혈세	impôt(très) lourd
세금 납부	paiement de la taxe(d'une taxe)
사업자 등록증	registre de commerce
세금 납부 고지서	avis d'imposition
납부 기한	délai de paiement
납세 의무	payer une taxe(des droits), contribuable, redevables de l'impôt
분할 납세	paiement par échelons, échelonnement des paiements
체납액	montant d'un arriéré
납부액	montant de l'impôt, montant de la taxe, paiement de la taxe(d'un impôt)
과세 표준	assiette d'un impôt
과세율	taux d'impôt

세율표	barème d'imposition
누진세	impôt progressif, taxe progressive
역진세	impôt régressif, impôt dégressif
단일 세율	impôt proportionnel, taxe impôt proportionnelle
세제 개혁	réforme du système fiscal
과세, 징세	imposition, taxation taxe, impôt, contribution, fiscalité
비과세, 과세면제	non-taxation, exonération fiscale, exemption d'impôt (de taxes)
가계 세금	impôt des ménages
가산세	surtaxe
간접세	impôt sur le revenu
감세	réduction d'impôt
세금 구간	tranche d'imposition, palier d'imposition, fourchette d'imposition
원천징수	retenu, prélèvement(sur le salaire)
소득세	impôt sur le revenu
근로 소득세	impôt sur les revenus salariés, impôt(prélevé à la source) sur le salaire
불로 소득세	impôt sur l'argent touché sans avoir travaillé (provenant de la rente d'un terrain)
과세 소득	revenus imposables
세금 환급	remboursement des impôts (예)과다 징수된 세금은 환급 되었다. Les impôts en surplus ont été remboursés.
세금 공제	détaxe, réduction des impôts, réduction d'impôt
세금 공제 대상	admis en déduction d'impôt
세액 감면	crédit d'impôt

부양 가족	bouches à nourrir, personnes à charge
자녀 양육비 세액 공제	crédit d'impôt pour enfant à charge, crédit d'impôt pour frais de garde
조세 피난 지역	paradis fiscal, refuge fiscal
탈세	fraude fiscale
가산세	surtaxe
세무 조사	inspection(enquête, contrôle) foscal
자금 출처 조사	provenance des fonds, source de fonds, source de capitaux
국세	droits fiscaux, impôt
지방세	taxe locale
교통세	impôt sur le trafic(circulation, transport)
농지세	impôt sur les terrains cultivés
담배소비세	droit d'accise sur le tabac, taxe d'accise sur le tabac, droits de régie sur le tabac
도시계획세	taxe sur urbanification, taxe sur l'urbanisme
마권세	taxe sur le ticket m de P.M.U.(pari mutuel)
면허세	frais de permis
등록세	taxe d'enregistrement
방위세	impôt sur la défense
법인세, 법인소득세	impôt sur les revenus des personnes juridiques
부가가치세	taxe à la valeur ajoutée, T.V.A
부당이득세	taxe au profit illicite
상속세	taxe successorale, droits de succession
소비세	impôt(taxe) à la consommation
특소세	(taxe sur la valeur ajoutée) spéciale sur certains produits de luxe

유류특소세	droit d'accise sur l'essence, taxe d'accise sur l'essence, droits de régie sur l'essence
이전세	taxe de transaction, droit de mutation, taxe(droit) de transmission
인지세	droit de timbre
재산세	impôt sur la propriété privée
전화세	facture(note) de téléphone(téléphonique), frais téléphoniques(de téléphone), montant descommunications téléphoniques
소득 신고	déclaration de revenus(d'impôt)
토지세	impôt foncier
토지초과이득세	taxe sur le coût diférentiel de la valeur du foncier(terrain)
양도소득세	taxe sur les revenus fonciers
주민세	taxe d'habitation
주세	taxe sur les alcools
주식양도차익세	impôt sur les gains de capital, impôt sur les plus-values, impôt sur les biens en capital
거래세	taxes sur les opérations(sur les transactions) commerciales
증여세	impôt sur les biens transmis
판매세	taxe de vente, taxe sur les ventes
기초세금	assiette d'un impôt
납세자	contribuable (예)납세자에게서 돈을 뜯어내다. Tondre le contribuable. (예)납세자[기업]의 세금을 경감해 주다. Dégrever un contribuable. (예)어떤 납세자의 세금을 면제하다. Exonérer un contribuable. (예)납세자에게 면세 조치를 취하다. Décharger un contribuable.
고액 납세자	gros(se) contribuable
전기세	facture énergétique

법적, 조세적 안정	stabilité juridique et fiscale
보조금, 지원금	subvention, allocation compensatrice
보증기금	fonds de garantie
세금을 거두다	lever l'impôt, percevoir l'impôt
세무 관리, 징수관, 세리	percepteur(trice), collecteur
세원	source d'impôt
소득원	sources de revenus
소비와 투자	consommation et investissements (예)소비와 투자가 되살아날 것으로 보인다. La consommation et les investissements devraient se rétablir. (예)소비와 투자를 장려하다. Encourager la consommation et l'investissement.
영업세	taxe d'affaires
외국납부세액	impôt étranger
일부 세금의 면제	exonération de certaines taxes et contribution
정부 보조금	paiement différentiel, subvention de l'Etat
지방세	taxe locale
급여세	taxe sur les salaires
직접세	impôt direct
취득세	impôt pour l'acquisition de la propriété
토지세	impôt foncier
물품세	taxe sur les marchandises
부가가치세	taxe à la valeur ajoutée(TVA)
부가가치세 인상	relèvement de la TVA(taxe à la valeur ajoutée)
부담금	charges, taxes
사유 재산세	impôt sur la propriété privée
수익세	impôt sur les bénéfices

수입관세	taxe à l'importation droits d'entrée
양도소득세	taxe sur les revenus fonciers
이중과세	double imposition(taxation)
재산세	droits de propriété, impôt sur la propriété
조세 경감	baisse des impôts (예)조세 경감 혜택을 부여하다. Accorder des avantages fiscales.
감면	réduction, exemption
조세 정책	politique fiscale
주민세	taxe sur les habitants, taxe d'habitation, taxe locale
시장 주도형 경제개혁	réforme économique menée par le marché
국가에 활력을 불어넣다	redonner de l'énergie au pays
경제정책	politique économique
벤처기업	entreprise à capital-risque
부의 총량	richesse total
세관	bureaux de la douane, douane
세관신고	déclaration en douane
세금 감면	exonération fiscale, défiscalisation
세금을 내다	acquitter une taxe

환경

환경

환경	milieu naturel, environnement, entourage, climat
보건	(conservation de la) santé, hygiène(위생), santé publique, salubrité publique
환경보호	protection de l'environnement, sauvegarde de l'environne ment
환경보호 운동	mouvement pour l'environnement, mouvement écologiste, mouvement de la protection de l'environnement, mouvements de défense de l'environnement
환경보전	préservation de l'écosystème
환경파괴	dégradation de l'environnement, destruction de l'environnement, misère écologique
환경 악화	détérioration de l'environnement
환경 오염	pollution de l'environnement
공해	nuisances, pollution (de l'air, des eaux)
공해방지	mesures (préventives) contre la pollution
공해산업	industries à hautes nuisances
산업공해	pollution industrielle
무공해	sain(e), préservé(e), non pollué(e)
무공해 산업	industrie propre industries douces
악취	puanteur, mauvaise odeur, odeur fétide [infecte, nauséabonde, exécrable], odeur incommodante
소음공해	nuisances sonores, pollution sonore
환경 의식	conscience de l'environnement
환경 친화적	respectueux de l'environnement
환경 친화적 제품	produit respectueux de l'environnement
재활용	recyclage
재사용	réemploi, réemployer, récupérer

장바구니	panier à provisions, cabas
재생지	papier recyclé, carton gris
절감	réduction, restriction, diminution, économie
녹색혁명	révolution écologiste
오염자	pollueur
오염자 부담세	taxe imposée aux pollueurs
환경 영향 평가	étude d'impact (sur l'environnement)
지속가능한 발전	développement durable
오염물	polluant, substance polluant, produit tachant
유해물	substances nuisibles
유독물	substance toxique
이산화탄소	dioxyde de carbone, gaz carbonique
일산화탄소	oxyde de carbone
질소	azote
질산	acide azotique, acide nitrique
질산나트륨	nitrate de sodium
질산암모늄[칼륨, 칼슘, 염]	nitrate d'ammonium
질산염	azotate, nitrate
아황산가스	bioxyde sulfureux
황산	acide sulfurique, acide vitriolique
염화수소	gaz chlorhydrique, chlorure d'hydrogène
사염화탄소	tétrachlorure de carbone
할론	halon
유기화합물	composé organique
휘발성 유기화합물	composé organique volatil
휘발성 액체	liquide volatil

염화비닐	chlorure de vinyle, chlorure de polyvinyle, chlorure de polyvinyle
염화비닐 섬유	chlorofibre
미세먼지	poussière fine, poussière impalpable
파라아미노안식 향산	acide–para–amino–benzoïque
벤젠	benzène
석면	amiante asbeste, laine de roche
중금속	métal(aux) lourd
납	plomb
자연 정화	purification naturelle
환경 기준	critères écologiques
환경학	sitologie, mésologie
환경 공학	technologie de l'environnement
오염원	agents pollueurs
허용치(량)	quantité autorisée
대기 오염	pollution atmosphérique, pollution de l'air, empoisonnement de l'air
대기오염 물질	polluants atmosphériques
실내 공기 오염	impureté de l'air(intérieur), air vicié
공기 정화기	purificateur d'air
분진	poussière, saleté
온실효과	effet de serre
매연	gaz d'échappement, brouillard toxique, fumée toxique, fumé, noire
하수	eaux usées (d'égout)
인분	matières fécales
산업폐수	eaux rejetées par les industries

방류　　　　　évacuation des eaux retenues, remise à l'eau

저수지의 물을 방류　　décharger un réservoir

폐수의 방류　　déversement des eaux usées

수질오염　　　pollution de l'eau, contamination de l'eau

(예)강의 수질 오염. Pollution des eaux d'une rivière.

(예)화학물질에 의한 수질오염.
Contamination de l'eau par des produits chimiques.

하천오염　　　pollution de la rivière (cours d'eau)

해양오염　　　pollution marine, pollution de la marée noire

폐유　　　　　huile de vidange

음식 쓰레기　　rogaton

환경

생태계

생태계	écosystème
아북극 생태계	écologies subarctiques
생태계 보전	préservation de l'écosystème
생태계 파괴	destruction de l'écosystème, destruction de l'environnement
생태계의 자정 능력	capacité de purification de la nature
수은으로 인한 생태계 오염	pollution des écosystèmes par le mercure
생태학	écologie
식물생태학	phytoécologie
생태학 박물관	écomusée
야생동물	animal(aux) sauvage(s), des bêtes sauvages
야생동물 보호 구역	zone de protection des animaux sauvages, réserve zoologique
야생 식물	plante sauvage, flore, plantes agrestes
야생화	fleur sauvage
멸종 위기 동물	espèce(animal(aux)) en voie de disparition, risque d'extermination des animaux
멸종	extermination, disparition, extinction
반달곰	ours brun de Mandchourie
웅담	fiel d'ours (예)웅담은 담에 좋다고 한다. (Il est dit que) le fiel d'ours est bon pour la vésicule biliaire.
사향노루	chevrotain
사슴	cerf
녹용	andouiller tendre bois du cerf
두루미	grue
호랑이	tigre

호랑이 가죽	peau du tigre
코끼리	éléphant
코끼리 코	trompe d'éléphant
코끼리 가죽	cuir de l'éléphant
새끼 코끼리	éléphanteau
상아	ivoire, défense de l'éléphant, dents de l'éléphant
바다 코끼리	morse
코뿔소	rhinocéros
먹이사슬	chaîne alimentaire
서식지	habitat (d'une espèce animale)
육지	terre, terre ferme
바다	mer, océan
고등동물	animal(aux) supérieur(s)
하등동물	animal(aux) inférieur(s)
육식 동물	animal(aux) carnivore animal(aux) carnassier(s)
초식 동물	animal(aux) herbivore(s)
무척추동물	animal(aux) invertébrés
해면동물	spongiaires
강장동물	cœlentérés
선충류	nématodes
환형동물	annélides, vers annelés
연체동물	mollusque(s)
갑각류	crustacés
곤충류	insectes
6족충류	hexapode
초식곤충류	phytophage

거미류	aranéides, arachnides
극피동물	échinodermes
척추동물	animal(aux) vertébré(s)
포유동물	animal(aux) mamelé(s)
조류	oiseaux
파충류	reptiles
양서류	amphibie, amphibiens
어류	poisson
수생(수중) 동물	animal(aux) aquatique(s)
수생(수중) 식물	plante(s) aquatique(s)
비옥한 토양	sol gras [정의]기름진 토양
불활성 토양	sol inerte [정의]경작토와 심토 중간에 있는 토양
건조토양(건토)	terrain sec, terre aride
표토	surface de la terre
황폐화	délabrement, dévastation, désolation
사막화	désertification, avancée du désert
습지	marécage, marais
갯벌	terrain humide des rives d'une rivière ou de la mer, banc de sable (recouvert à marée haute), sable mouillé

환경

지구

지구	la terre, globe terrestre
남반구	hémisphère sud, hémisphère austral
북반구	hémisphère Nord, hémisphère boréal
적도	équateur
극지방	régions polaires, régions australes et boréales, pôle austral et pôle boréal, arctique et antarctique
경도	longitude
위도	latitude
좌표	coordonnées cartésiennes d'un point, orientation
그리니치 표준시	heure moyenne de Greenwich
세계시	temps universel
춘분	équinoxe de printemps
추분	équinoxe d'automne
동지	solstice d'hiver
하지	solstice d'été
만년설	neiges éternelles
극빙하	glaciers polaires

기상

이례적인	exceptionnel
일년내내	tout au long de l'année
지구본	globe terrestre
지구	la terre
기상	phénomène atmosphérique [정의]날씨가 덥거나, 춥거나, 흐리거나, 개거나 하는 대기 가운데서 일어나는 모든 물리적 변화의 현상. 기상의 구체적인 범위는 기압, 기온, 상대 습도, 증기압, 바람, 강수량 등.
가시광선	spectre visible, rayon visible, radiation visible [정의]사람의 눈으로 느낄 수 있는 빛. 빛을 눈으로 느낄 수 있느냐 없느냐 하는 것은 그 빛의 파장의 길고 짧음에 좌우됨. (파장은 약 4000~8000Å)
비가시광선	rayon invisible
강수	précipitations (atmosphériques) [정의]비, 눈, 우박 등이 지상에 내림.
강수량	précipitation, hauteur de précipitation, pluviosité
연간 강수량	précipitations annuelle
강수계	pluviométrie
강설량	précipitations nivales [정의]어느 기간 동안에 내린 눈의 양. 눈을 녹이거나, 그 무게를 측정하여 물의 양으로 바꾸어 나타낸 것이 강설량임.
강우량	quantité d'eau tombée, pluviosité (d'une région), hauteur pluviométrique (예)강우량을 재다. Mesurer la pluviosité.
최고강우량	record pluviométrique [정의]어느 기간 동안에 내린 비의 양. 땅 위를 흘러가거나 스며들지 않고, 땅 표면에 괴어 있다고 가정할 때의 괸 물의 깊이로 나타냄. 우리 나라의 연평균 강우량 은 약 1200mm 정도로 비교적 많은 편임.

건습구습도계 psychromètre
[정의]보통 온도계와 물 축인 헝겊으로 싼 온도계를 이용하여 물의 증발하는 정도를 재어 습도를 측정하는 장치

건조공기 air sec
[정의]불포화공기

계절풍 vent saisonnier
[정의]해양의 열용량이 대륙에 비하여 크기 때문에 대륙은 빨리 데워지고 빨리 냉각되므로 여름에는 대륙이 해양보다 온도가 높아 저압부가 되고, 겨울에는 온도가 낮아 고압부가 되어, 바람이 여름에는 해양에서 대륙으로 불고, 겨울에는 대륙에서 해양으로 불게 되는 열적 순환

고기압 haute pression (atmosphérique), anticyclone, maximum barométrique
[정의]주위보다 기압이 높은 상태. 그러나 어느 기준값 이상의 기압을 말하는 것이 아니라 주위보다 상대적으로 기압이 높은 곳을 말함. 바람은 기압이 높은 쪽에서 낮은 쪽을 향해 불어 나가는데, 북반구에서는 시계방향이며 남반구에서는 그 반대임. 고기압 권 안에서는 보통 하강 기류가 있으므로 맑은 날이 되는 경우가 많음

온난[한랭] 고기압 anticyclone chaud

저기압[고기압] 중심 centre de dépression

이동성 고기압 anticyclone migrateur

고기압 상태 situation anticyclonique

고적운 altocumulus
[정의]고도 2~6km의 중층운으로 뭉클뭉클하게 덩어리진 양떼 같은 구름 고층운: 고도 2~6km의 중층운으로 두께가 얇고 회색 차일 같은 구름

광화학스모그 brouillard photochimique
[정의]배기 가스 속의 탄화수소와 질소 산화물이 자외선을 받아 광화학 반응을 일으켜 미세한 먼지로 되고, 여기에 옥시던트(산화제) 등과 같은 다른 광화학적 생성물질이 용해, 흡착되어 이루어진 것으로 한낮에도 시야가 나쁘고 눈이나 호흡기 질환을 일으켜 심할 경우 생명에 위협을 주기도 하는 것.

구름 nuage, nuée

(날씨 · 하늘의) 흐림, 안개 nébulosité
[정의]대기 중의 작은 물방울이나 얼음 알갱이(빙정)가 모여서 하늘에 떠 있는 것.

권운 cirrus, queue-de-chat

[정의]고도 6~13km의 상층운으로 털실이나 새털 같은 구름

권적운 cirrocumulus

[정의]고도 6~13km의 상층운으로 흰 조개 같은 구름 권층운: 고도 6~13km의 상층운으로 흰 베일을 덮은 것 같은 구름으로 햇무리나 달무리를 만들기도 함.

극동풍 Vent d'Extrême-Orient

[정의]극지방에 침강한 공기가 지면을 따라 저위도로 이동하면서 전향력을 받아 북반구에서는 북동풍, 남반구에서는 남동풍으로 편동이 되는 극지방에서 불어 나오는 바람(극풍 혹은 극편동풍)

백야 nuit blanche, soleil de minuit

[정의]고위도 지역이나 극점 지역에서 겨울철에 오랫동안 해가 뜨지 않고 밤만 계속되는 현상. 백야 현상과 반대되는 현상으로, 북반구의 고위도에서는 11월 중순에서 1월 말까지, 남반구에서는 북반구와 계절이 반대이므로 반대 시기에 나타남.

기단 masse d'air

(예)고온다습한 북태평양 기단.

Une masse d'air chaud et humide du Pacifique du nord.

[정의]지름이 1000km 정도의 규모를 갖는 기온과 수증기의 양이 거의 일정한 공기 덩어리 기류: 대기 중에서 일어나는 공기의 흐름 (상승이나 하강하는 공기의 흐름을 말함)

한랭 기단 masse d'air froid

기상경보 alarme [alerte] météorologique

[정의]기상 현상으로 인하여 커다란 재해가 예상될 때 이를 알리기 위하여 발하는 경보.

기상개황(조건) météo

기상관측 observation météorologique

[정의]대기의 상태를 알기 위해서 기압, 기온, 습도, 풍향, 풍속 등을 측정하고, 구름, 안개, 비, 눈 등 대기의 모든 현상을 관측하는 일. 기상은 공간적으로나 시간적으로 그 변화 속도가 크기 때문에 기상 관측은 다음과 같은 특징을 지닌다.

기상대 기상관측소 observatoire [station] météorologique, station météorologique, observatoire météorologique

기상위성 satellite météorologique

[정의]기상 관측 및 관측 자료를 전송, 중계할 수 있는 기능을 가진 인공 위성. 현재 정지 기상 위성과 극궤도 기상 위성이 사용되고 있음.

기상 이변 variation météorologique

기상 재해 sinistre météorologique

기상주의보 avis (de grand vent, de tempête), mise en garde contre (des pluies torrentielles)

[정의]기상 현상에 의하여 다소의 피해가 있으리라고 예측될 때 주의 시키기 위하여 발표하는 예보

기상통보 bulletin météorologique

[정의]기상 개황이나 실황을 일반에게 알리는 보도 기상특보: 기상 통보 이외에 때에 따라 알리는 특별한 보도

기상학 météorologie

항공기상학 météorologie aéronautique, aérologie

[정의]행성의 대기 중의 기상 현상을 연구하는 학문의 총칭. 지구뿐만 아니라 화성이나 금성 따위의 대기도 그 대상이 되며, 대기 중에서 일어나는 여러 가지 현상을 관측 · 분석하여 그 실태를 파악하고, 이론적으로 밝히는 기초 기상학과 그것으로부터 얻은 지식을 다른 분야에 활용하는 응용 기상학으로 크게 나누어짐. 기초 기상학에 는 기상 역학 · 기상 열역학 · 물리 기상학 등이 있으며, 응용 기상학에는 일기 예보 · 농업 기상 · 산업 기상 · 항공 기상 · 해상 기상 · 위성 기상 등의 분야가 있음.

기상학자 météorologiste

기압 pression atmosphérique

기압[압력]의 하강 baisse de pression

기압의 능선 dorsal barométrique

기온[기압] 강하 chute de température

기압경도 gradient de pression

[정의]단위 면적에 작용하는 공기 기둥의 압력 (단위 면적의 공기 기둥 안에 있는 공기의 질량에 작용하는 무게)지구 표면의 단위 면적 위에 덮인 공기층의 무게 때문에 생기는 대기의 압력.

고기압 haute pression (atmosphérique), anticyclone

[정의]주위보다 기압이 높은 상태. 그러나 어느 기준값 이상의 기압을 말하는 것이 아니라 주위보다 상대적으로 기압이 높은 곳을 말함.

저기압 basse pression, zone de basse pression

[정의]기압이 주위보다 낮은 구역. 이 구역에서의 바람은 기압이 낮은 중심을 향하여 북반구에서는 시계 반대 방향으로, 남반구에서는 시계 방향으로 중심을 향해 불어 들어가는 소용돌이가 되어 나타나며, 중심에 가까울수록 바람의 속도는 빠름. 또 중심 부근에서는 상승 기류로 인해 구름이 생성되어 비 또는 눈이 내리기도 함.

공기압 pression atmosphérique

기압계 baromètre

(예)기압계가 올라간다. Le baromètre monte.

수은 기압계 baromètre à mercure

아네로이드기압계 baromètre anéroïde

[정의]기압을 측정하는 장치의 하나. 얇은 금속으로 만든 진공 상태의 용기가 기압이 높아지면 오므라들고, 기압이 낮아지면 부풀어오르는 것을 이용한 것임.

기압 기온계 barothermographe

기압 실험기 crève-vessie

기압골 ligne de creux

[정의]기압이 띠 모양으로 낮게 되어 있는 부분. 고기압과 고기압 사이에 생김. 일기도에서는 등압선이 가늘고 길게 뻗어 있음.

기압차 écart de pression atmosphérique

기온측정 mesurer la température, relever la température

[정의]지표면 부근의 기온은 보통 수은 온도계로 측정함. 이 때 공기가 잘 통하는 곳에서 직사광선을 피하여 측정해야 하며, 보통은 백엽상에 온도계를 걸어 놓고 일정 하게 측정함.

기후 climat

[정의]어떤 지역에서 규칙적으로 되풀이되는 일정 기간의 평균 기상 상황. 기상기구(WMO)에서는 1931년부터 1960년까지의 30년 동안의 평균값을 기준으로 삼고 있음.

기후요소 éléments du climat

[정의]기후는 대기 현상의 각종 요소로 구성되어 있으며, 이들 기후 요소의 결합의 차이에 의하여 각 지역의 기후는 서로 다르게 나타남. 기후 요소에는 기온, 습도, 강수량, 바람, 증발, 일조(日照), 일사(日射)가 있다.

건조 기후 climat aride

고산 기후 climat de haute montagne

대륙성 기후 climat continental

기후변동(기후변화) changement de climat, changement climatique

기후의 주기적 변동 oscillation climatique

기후의 계절적 변화 changement saisonnier du temps.
[정의]과거에서 현재에 이르는 기후의 변동(변화).

꽃샘추위 temps froid au début du printemps, froid à l'époque de la floraison
[정의]봄이 완연해 갈무렵 약화되었던 시베리아 기단이 세력을 회복해 매서운 추위가 강타하게 되는데 이를 꽃샘 추위라 한다.

낙뢰(벼락) foudre, chute de la foudre, coup de foudre

난류 courant marin chaud, écoulement turbulent
[정의]일반적으로 유체의 불규칙한 흐름을 말하는데 지표마찰로 발생하는 소용돌이 등.

난층운 nimbo-stratus
[정의]중층운의 하나. 10가지 구름 종류의 하나로 비층구름, 또는 비구름 이라고도 함. 기호는 Ns이고, 2~7km의 높이에 나타남. 구름의 층이 매우 두껍기 때문에 구름의 밑은 거의 암흑색으로 보이며, 대개 온 하늘에 퍼진다. 저기압의 중심부근이나 전선 부근 등에 널리 발달하는데, 비나 눈이 내릴 때가 많음.

무역풍 (vent) alizé
[정의]대기 대순환에 의한 풍계로 남반구 위도30°에서 0°지역으로 부는 남동풍.

높새바람 vent du nord-est (chaud et sec, provenant des chaînes montagneuses), vent de Föhn
[정의]뱃사람들이 북동풍을 가리켜 높새라고 한 데서 생긴 말. 보통 태백 산맥을 넘어 영서 지방으로 내리 부는 고온 건조한 북동풍을 말함.

뇌우 orage pluie, orageuse, un violent orage
(예)뇌우가 자주 닥치는 계절. Saison orageuse.
(예)뇌우가 그쳤다. L'orage a cessé.
(예)뇌우가 쳤다. Un orage a éclaté.

눈 neige

단열팽창 détente adiabatique

[정의]단열 변화의 하나. 단열 된 상태에서 물체의 체적이 팽창하는 일.

달무리 halo de la lune

[정의]달의 언저리에 둥그렇게 둘리어 구름같이 허옇게 보이는 현상.

대기 atmosphère, air

대기권 régions de l'atmosphère, la couche atmosphérique

(예)대기권 밖으로 나가다. Sortir de l'atmosphère.

(예)우주선이 대기권에 진입한다. La navette spatiale entre dans l'atmosphère

(예)(로켓 · 인공위성 따위의) 대기권 재진입.

Rentrée dans l'atmosphère, rentrée atmos phérique

공기오염 pollution de l'air

[정의]그을음, 재, 먼지, 유독 가스 등으로 공기가 더럽혀진 상태. 공기 오염은 연료를 태우는 데서 주로 생기며, 화학 공업에서 나온 이산화탄소, 암모니아 등도 공기 오염의 주요한 원인이 됨

대류 convection, convexion

[정의]전도나 복사와 같이 열이 수송되는 형식의 하나로 유체의 운동에 의해 물리량이 운반되는 것을 말한다. 기상학에서의 대류는 주로 수직방향의 수송이 우세할 때를 말한다.

대류권 troposphère

[정의]대기권의 제일 아래층으로 지상 약 12km까지의 기층. 높이는 지역에 따라 다름.

대류현상 phénomène de convection

대륙성기후 climat continental, climat maritime

[정의]해양으로부터 멀리 떨어진 육지의 내부나 둘레가 산지로 둘러싸인 분지 같은 데서 볼 수 있는 기후.

라디오존데 radiosonde, ballon de sondage, ballon-sonde

[정의]대기 상층의 기상 요소를 자동적으로 측정하여 소형 송신기에 의해 지상으로 송신하는 장치.

레이더 radar

풍속계	anémomètre
모발습도계	hygromètre à cheveu [정의]습도계의 한 가지. 머리카락이 습도가 높아지면 늘어나고, 습도가 낮아지면 오므라드는 성질을 이용하여 만든 습도계로 1780년경 프랑스에서 처음 만들었다고 함.
몬순(계절풍)	mousson
몬순 기후	climat de mousson
무역풍	(vent) alizé [정의]아열대지방의 해상에서 부는 바람.
무지개	arc-en-ciel
밀리바	millibar [정의]기압의 단위. 기호로는 mb로 나타내며 1바(bar)의 1,000분의 1로서 1m²의 넓이에 100뉴턴(N)의 힘이 가해질 때의 압력임.
발산	diffusion, dispersion, émanation, irradiation, émanation, exhalation
번개	éclair feu du ciel
벼락(낙뢰)	foudre, gronderie, événement brutal et imprévu
보라	bora [정의]겨울철에 별안간 세게 불어 내려오는 차고 건조한 북풍.
불쾌지수	degré d'irascibilité [정의]날씨에 따라 사람이 느끼는 불쾌감의 정도를 기온과 습도를 조합하여 나타내는 수치.
백엽상	abri météorologique [정의]기온이나 습도 등을 재기 위해 최고 온도계, 최저 온도계, 자기 온도계, 습도계 등을 부착하여 실외에 설치한 작은 집모양의 나무 상자.
사이클론	cyclone
산성비	pluie acide
상대습도	humidité relative, humidité absolue
서리	givre gelée, blanche

성층권 stratosphère
[정의]대류권과 중간권 사이의 기층.

성층권 기온 température stratosphérique

스모그 smog, épais brouillard de pollution (urbain), brouillard de fumée, épais nuage de pollution
[정의]대기 오염 현상의 한 가지.

습도계 hygromètre psychromètre
[정의]건습구 습도계, 모발 습도계, 자기 습도계 등이 있음.

승화 sublimation
[정의]고체가 액체 상태를 거치지 않고 직접 기체로 되거나 반대로 기체가 직접 고체로 되는 현상.

아열대 zone subtropicale

아열대 기후 climat subtropical climat tropical

아열대 지역 zone subtropicale

열권 thermosphère

열대수렴대 convergence intertropicale
[정의]북동무역풍과 남동무역풍이 모여드는 열대 저압대.

오로라 aurora
[정의]남극이나 북극 부근의 하늘에 백색, 녹색, 적색 등의 빛이 베일 모양 또는 방사상 등으로 나타나는 현상.

오존층 couche d'ozone

오존층 파괴 destruction de la couche d'ozone

온난기류 courant atmosphérique chaud

온난고기압 anticyclone chaud

온난화 réchauffement

지구 온난화 réchauffement du globe

온난전선 front chaud

온대 zone tempérée

온대기후 climat tempéré

[정의]4계절의 변화가 뚜렷하고, 가장 추운 달의 평균 기온이 18~-3℃로 겨울에는 따뜻하고, 여름에는 덥고 비가 많음.

온대지방 zone tempérée

온도 température

온실효과 effet de serre

[정의]대기 중의 수증기와 이산화탄소는 파장이 짧은 태양 광선을 잘 통과시켜 지면을 가열시키지만, 가열된 지면에서 방출되는 파장이 비교적 긴 지구 복사는 거의 통과시키지 않고 흡수하여 온실처럼 보온되는 효과.

요오드화은 iodure d'argent

[정의]AgI. 감광성이 있어 사진에 쓰이며, 인공강우에 응결핵으로 쓰임.

우량계 pluviomètre

[정의]비나 눈 따위가 내린 양을 재는 계기. 보통 지름 20cm의 원통에 빗물을 받아서 그 깊이를 재어 나타냄. 눈이나 우박 등은 원통에 들어온 것을 녹여서 재거나 무게를 달아서 깊이 단위로 환산하며, 조선 세종 23년(1441년)에 설치된 측우기가 세계 최초의 우량계로 알려져 있음.

우박 grêle

[정의]하늘에서 눈의 결정 주위에 차가운 물방울이 얼어붙어 얼음이 되어 땅 위로 떨어지는 덩어리. 주로 적란운에서 발생하며 한 지점에서 보통 몇 분 정도면 그치지만, 때로는 30분 이상 내리는 경우도 있음. 우박은 전체가 투명하거나 불투명한 핵을 중심 으로 투명한 얼음층과 불투명한 얼음층이 번갈아 싸고 있으며, 그 크기는 보통 지름이 1cm 미만이지만 2~3cm 정도의 것도 많고 그보다 훨씬 큰 것도 있음.

운량 nébulosité

응결 condensation(de la vapeur), coagulation

[정의]수증기와 같은 기체의 온도를 낮추거나 온도를 일정하게 유지하면서 압축할 때 기체의 일부가 액체(물방울)로 바뀌는 현상.

이동성고기압 anticyclone migrateur

[정의]비교적 빠른 속도로 이동해 가는 고기압. 우리 나라 부근의 중위도 지방에서는 매시 40~50km의 속도로 서쪽에서 동쪽으로 이동해 가며 풍속은 매초 5~6m 이하이고 이동성 고기압의 중심부에서는 대체로 맑은 날씨가 됨.

이동성 저기압 dépression (atmosphérique) en déplacement

이슬비 bruine, crachin, pluie fine

인공강우 pluie artificielle

[정의]인공적으로 비를 내리게 하는 일. 빙정에 의해 비가 내린다는 원리를 응용하여 드라이 아이스(고체 이산화탄소)나 요오드화은을 구름 속에 뿌려서 비의 원인이 되는 빙정을 만들어 비를 내리게 하는 방법. 수차례 실험에는 성공하였으나, 아직 실용화되지는 못하고 있음.

인공구름 nuage artificiel, aérosol

인공눈 neige artificielle

일교차 écarts de température entre le jour et la nuit

[정의]하루 동안에 관측된 기상 요소(기온, 기압, 습도 등)의 최대값과 최소값의 차. 일기도: 일정 지역의 일기 상태를 한눈에 알 수 있도록 지도 위에 기상의 상태를 기호 등으로 나타낸 그림. 일정한 시각의 각지의 일기, 구름의 양, 풍향, 풍력, 기압 등 모든 기상 요소의 값을 기호로 나타냄.

일기예보 bulletin météo, bulletin météorologique, prévision du temps, prévisions météorologiques

[정의]기상청이 일기도 등에 의해 앞으로 다가올 날씨를 미리 알리는 일. 일기 예보는 그 예보 기간에 따라 단기 예보와 장기 예보로 나뉜다.

자외선 rayons ultraviolets, ultraviolets (UV), lumière noire

자외선 방지제 écran solaire

적외선 rayons infrarouges

잠열 chaleur latente calorique latent

[정의]물질이 상태 변화를 할 때 출입하는 열. (수증기응결열, 융해열 등)

장마 pluie continuelle [incessante], saison des pluies, mousson

(예)장마가 시작된다. La saison des pluies commence.

(예)장마[한랭, 온난] 전선. Front de la pluie continuelle.

(예)억수장마가 들다. Pleuvoir durant plusieurs jours.

(예)장마가 걷혔다[끝났다]. La saison des pluies se termine.

(예)장마 때를 피해서 북태평양 기단과 오호츠크해 기단이 만나서 생기는 전선이 장시간 많은 비를 몰고 오는 기상현상. Pour éviter la saison des pluies.

늦장마 saison des pluies tardive

장마전선 ligne avancée de la zone des pluies (saisonnières), front de la pluie continuelle

[정의]북태평양 기단과 오호츠크해 기단이 만나서 생기는 전선이 장마를 몰고 오는데, 이를 장마 전선이라 함.

장마철 saison des pluies

장마철 호우 grosse pluie de la mousson

저기압 basse pression, zone de basse pression

[정의]기압이 주위보다 낮은 구역. 이 구역에서의 바람은 기압이 낮은 중심을 향하여 북반구에서는 시계 반대 방향으로, 남반구에서는 시계 방향으로 중심을 향해 불어 들어가는 소용돌이가 되어 나타나며, 중심에 가까울수록 바람의 속도는 빠름. 또 중심 부근에서는 상승 기류로 인해 구름이 생성되어 비 또는 눈이 내리기도 함.

저기압골 zone de basse pression

적도무풍대 calmes équatoriaux, zone de calme équatorial

[정의]북동 무역풍대와 남동 무역풍대 사이에 낀 적도 부근의 지대.

적란운 cumulonimbus

[정의]수직으로 발달하는 구름의 한 가지. 열 가지 구름 종류 가운데 하나로 쌘비구름, 또는 소나기구름이라고도 함.

적운 cumulus

[정의]수직으로 발달하는 구름의 한 가지. 열 가지 구름 종류 가운데 한 가지로 쌘구름 또는 뭉게구름이라고도 하며 기호는 Cu이고 지표로부터 13km 높이 사이에 나타 남. 꼭대기는 둥글고 밑바닥은 편평한 덩어리 구름으로 여름철에 지면이 가열되면 잘 생김.

적외선 infrarouge, rayons infrarouges

[정의]가시 광선보다 파장이 긴 전자기파. 열선(熱線)이라고도 함. 태양 광선이나 전등 빛의 스펙트럼 중에서 빨간색보다 바깥쪽에 있는 부분이며, 눈으로는 느낄 수 없지 만 물체에 흡수되어 열에너지로 변함. 전파나 가시 광선과 마찬가지로 파동의 성질을 지닌 전자기파의 한 가지로 파장 범위는 0.75μm~1mm 정도임.

전선 front

[정의]기온, 습도, 풍향 등이 다른, 두 개의 기단(氣團 : 공기 덩어리)이 부딪칠 때 생기는 경계면(전선면)이 지표면과 만나서 이루어지는 경계선. 불연속선이라고도 하며, 온난 전선, 한랭 전선, 폐색 전선, 정체 전선이 있음.

절대습도 humidité absolue

[정의]공기 1m³속에 함유되어 있는 수증기의 질량을 g 단위로 나타낸 것. 절대 습도는 기온에 따라 수증기가 포함될 수 있는 최대 값이 이미 정해져 있으며, 그 최대 값은 기온이 높으면 커지고 낮으면 작아짐.

중간권 classe moyenne

[정의]성층권 계면에서 중간 권계면까지를 중간권이라고 부르는데, 중간 권계면은 80km쯤의 높이에 위치하며, 중간권은 대기권 전체에서 평균 기온이 가장 낮은 곳임. 또 대류권에서처럼 대류 현상이 일어나고, 높이 올라갈수록 기온이 내려감.

지중온도계 géothermomètre

[정의]땅 속의 온도를 측정하는 온도계. 땅 표면에서 30cm 정도까지의 깊이의 온도를 잴 때에는 기역자 모양으로 구부러진 곡관식 지중 온도계를 쓰고, 깊이 50cm 이상에서는 지름 4cm 정도의 아래 끝이 막힌 철관을 파묻는 철관식 지중 온도계를 이용함. 수은 온도계를 끈에 매달아 철관 속에 필요한 깊이만큼 늘어뜨려 넣은 다음 몇 시간 후에 꺼내어 온도를 측정함.

천둥 tonnerre, coup [grondement, roulement] de tonnerre

[정의]번개와 함께 나타나는 현상으로 하늘이 요란하게 울리는 일. 서로 다른 전기를 띤 구름 사이에서 생기는 방전 현상이 번개이며, 그러한 현상으로 전기의 절연 상태가 파괴될 때 구름이 진동해서 나는 소리를 천둥이라 함.

천둥번개 foudre, tonnerre et éclair

체감온도 température sentie

[정의]인체가 느끼는 더위 · 추위 등을 수량적으로 나타낸 것. 측정 방법에는 기온과 습도와 풍속으로 산출하는 공식 외에, 특수한 카타 온도계도 있음.

층운 stratus

[정의]하층운의 한 가지. 10가지 구름 종류의 하나로, 층구름 또는 안개구름 이라고도 하며, 기호는 St이고, 지표~2km 사이의 높이에 나타남. 안개와 비슷한 모양을 한 회색 의 구름이며, 지면 가까이에 층을 이루어 간혹 안개비를 내림.

태풍 typhon, cyclone (tropical), ouragan

태풍의눈 l'œil du typhon [du cyclone]

[정의]강렬한 태풍이 불 때에 비교적 안정된 기상 현상이 나타나는 중심 부분. 태풍의 중심부는 그 주위가 두껍고, 높은 구름으로 둘러싸여 있음에도 불구하고 맑게 개 어 있는 경우가 많은데, 이 곳을 태풍의 눈이라고 하며, 그 지름은 약 30~50km에 이르고, 여기에서는 바람도 약해지고 비도 멎으며, 때로는 푸른 하늘이 보이기도 함.

폭풍 경보 alerte au typhon, avis de tempête, annonce d'un ouragan

토네이도 tornade

[정의]지름이 수m~수백m의 강력한 저기압성 소용돌이로서 적란운의 바닥에서 지상까지 좁은 깔대기 모양을 이룸. (용오름)

편서풍 vents (dominants) d'ouest

평균기온 température moyenne

[정의]어느 일정 기간 동안 기온의 평균값. 보통 1일, 5일, 10일, 1개월, 1년을 기간으로 잡으며, 산술평균을 이용하여 평균을 구함.

폐색전선 front de hautes ou de basses pressions

[정의]한랭 전선과 온난 전선이 겹쳐진 전선. 저기압이 진행함에 따라 전선도 이동하게 되는데, 그 때 한랭 전선이 온난 전선보다 빨리 움직이므로 나중에는 두 전선의 일부분이 겹쳐지게 되는데, 이를 폐색 전선이라고 하며, 그 때 나타나는 날씨는 한랭 및 온난의 각 전선과 비슷함.

포화 saturation

[정의]공기나 물이 어떤 물질을 더 이상 머금을 수 없는 한도까지 머금은 상태. 온도나 압력이 일정하면 머금는 한도도 일정하며, 조건을 바꾸어 주면 한도 이상으로 머금는데, 그것을 과포화라고 함.

푄 현상 foehn

[정의]산밑으로 불어 내린 공기가 산을 넘기 전의 공기보다 건조하고 기온이 높아지는 현상. 이 때 산을 넘어 비탈을 따라 아래로 부는 고온 건조한 바람을 푄 바람이라고 한다.

풍향 orientation du vent

[정의]바람이 불어 오는 방향. 풍향은 풍향계로 재며, 16방위 중의 하나로 나타내는데, 기준을 남북으로 하기 때문에 동북풍, 서남풍이라 하지 않고 북동풍, 남서풍이라 함.

풍향풍속계 girouette, anémoscope

coq de clocher : 닭모양 풍향계

girouette en forme de flèche : 화살 모양의 풍향계

풍향과 풍속을 동시에 잴 수 있는 기구

한랭(온난)고기압 anticyclone chaud

[정의]겨울철에 극지방에 있는 공기가 냉각되어 주위에 있는 공기보다 밀도가 커져서 생기고, 우리 나라 겨울철 날씨를 지배 함.

한랭전선 front chaud

[정의]한랭 기단이 온난 기단을 밀어 올리면서 온난 기단 쪽으로 이동하는 전선. 한랭 전선면은 경사가 급하여 공기가 급상승하므로, 적란운과 같은 수직으로 발달하는 구름이 생기고 흔히 소나기가 오고 이동 속도가 빠르기 때문에 비가 오는 구역은 좁으며, 때로는 돌풍이 일기도 함.

장마[한랭온난] 전선 front de la pluie continuelle

해양성기후 climat maritime, climat océanique

(예)서안 해양성 기후. climat océanique de la côte ouest.

[정의]바다의 영향을 크게 받는 해안 지방의 온화한 기후. 대륙성 기후에 상대되는 말로 기온의 일교차, 연교차가 적어 기후가 온화하고, 강수량과 습도가 높으며 안개가 잦음.

햇무리 halo (autour du soleil)

[정의]태양의 언저리에 둥그렇게 둘리어 구름같이 허옇게 보이는 현상. 얼음의 결정으로 된 얇은 구름에 의해서 햇빛이 반사, 굴절되어서 일어나는 현상임.

허리케인 ouragan, cyclone, hurricane

[정의]북대서양 남부, 카리브해나 멕시코만에 발생하는 열대 저기압. 풍속이 초속 17m 이상인 것의 연간 발생 개수는 평균 8개, 계절적으로는 8~10월에 많이 생겨남.

화씨온도 degré Fahrenheit

[정의]1724년에 독일의 파렌하이트가 세계 최초로 정한 온도 눈금. °F로 나타내며, 섭씨 0 ° 를 32°F로, 섭씨 100 ° 를 212°F로 정하고 이를 180 등분한 눈금임.

황사 sable jaune

황사현상 phénomène du sable jaune, phénomène du sable jaune (venant au printemps du désert de Gobi, dans le nord de la Chine, et entraînant avec lui des particules polluées)

[정의]중국 북부나 몽고의 황토 지대에서 바람에 날려 올라간 모래먼지가 하늘을 뒤덮고 내리는 현상.

에너지

에너지

에너지	énergie
동력 에너지	énergie (électrique, hydraulique, solaire, thermique)
재결합 에너지	énergie de recombinaison
에너지 위기	crise de l'énergie, crise énergétique
태양 에너지	or rouge
열 에너지	énergie calorifique (thermique)
식물 에너지	énergie verte
수력 에너지	houille blanche
자연 에너지	énergies douces
생체에너지	bioénergie
에너지 소비	consommation d'énergie
연료	carburant, combustible
가스 연료	combustible gazeux
화석 연료	combustibles fossiles
자원	ressources
산림 자원	ressource forestière
에너지 생산	production d'énergie
에너지 절감 정책	politique d'économisation d'énergie
단열재	isolant, calorifuges
지역 난방	chauffage urbain

석탄	houille
석탄 광부	gueule noire
불연물이 섞인 석탄	charbon barré
석탄산수	eau phéniquée
석탄부대(주머니)	sac de charbon
석탄가스	gaz de houille
석탄층	couche de houille
탄광	houillère, mine de charbon
탄전	gîte houiller
노천 탄광	mine à ciel ouvert
탄광촌	village de mineurs
가스화	gazéification, aérification
액화	liquéfaction, liquéfier
액화가스	fluide glacial
액화 천연가스	gaz naturel liquéfié
연탄	briquette de charbon, charbon aggloméré
연탄 가스 중독	inhaler de l'oxyde de carbone, s'intoxiquer à l'oxyde de carbone
무연탄	anthracite
유연탄	charbon
석유	pétrole, or noir

증유	mazout
석유 파동	choc pétrolier
석유왕	roi du pétrole
석유 가스	gaz de pétrole
석유 탱크	cuve à pétrole
석유 산업	industrie pétrolière, industrie du pétrole
석유 제품	produits pétroliers
석유화학	pétrochimie
석유 난로	poêle à pétrole, poêle à charbon
석유 탐사	prospection (exploitation) du pétrole
원유	pétrole brut, pétrole naturel, naphte
매장량	réserve
석유 매장량	réserves de pétrole
석탄 매장량	réserves de charbon
세계의 석유 매장량	réserves mondiales de pétrole
매장지	gisement de gaz naturel
원유 매장량	réserve du pétrole brut
원유 고갈	tarissement du pétrole naturel
원유 파동	crise du pétrole
원유 배럴	baril de brut
원유가	prix du pétrole brut

두바이산 원유	brut Dubaï
무공해 휘발유	carburant vert
유전	champ de pétrole, bassin pétrolifère, gisement pétrolier gisement de pétrole
유정	puits de pétrole
원유가	prix du pétrole brut
시추선	vaisseau d'exploitation du pétrole, vaisseau pour l'exploitation du pétrole
송유관	pipeline, oléoduc
정유	huile raffinée, raffinage du pétrole
정유 능력	capacité de raffinage du pétrole
정유소	raffinerie de pétrole
경유	huile légère, carburant diesel, gazole, diesel, combustible diesel
중유	huiles lourdes, produits noirs
중유 탱크	citerne à mazout
등유	huile (de lampe), paraffine, pétrole kérosène

가스

가스	gaz, fluides dilués
액화 천연가스	gaz naturel liquéfié
액화 산소	oxygène liquide
도시가스	gaz de ville
가스관	tuyau à gaz, conduites de gaz, gazoduc
프로판가스관	propanoduc
가스 꼭지	robinet de gaz
계량기	compteur
가스 계량기	compteur à gaz
계량기 검침	relever le compteur
프로판 가스	(gaz) propane, gaz en bouteille
가스통	bouteille de gaz
가스 누출	fuite de gaz, déperdition de gaz
냄새 없는 가스	gaz inodeur
가스 냄새	odeur du gaz
가스 누출 감지기	détecteur de fuite de gaz
안전 밸브	clapet de sûreté
비눗물	eau savonneuse

전력

전력	électricité, énergie électrique
전기	électricité
전류	courant électrique
유효전류	courant actif
분류전류	courant dérivé
3전류	tricourant
전압	tension, tension électrique, pression électrique, voltage
고 전압	haute tension
저 전압	sous-tension
전압 저하	dévoltage
전압 부족	sous-voltage
전기 저항	résistance électrique
접지	raccord à la terre
누전	déperdition de courant, fuites électriques court-circuit(~s-~s), court-jus, panne d'électricité (de courant)
두꺼비집	partie d'une charrue où le soc s'introduit
발전	production d'électricité
발전기	électrogénérateur, dynamo, générateur
자가 발전	production indépendante
자가 발전 용량	capacité de production indépendante

발전소	centrale électrique, usine d'électricité
이용률	taux d'utilisation, taux de fréquentation
화력 발전	production thermoélectrique, thermoélectricité
화력 발전소	centrale thermique
수력 발전소	centrale hydraulique, usine hydro–électrique, usine hydro–électrique
변전소	sous–station, transformateur, station de transformation de courant
변압기	transformateur, survolteur–dévolteur
송전	transport du courant électrique, alimentation en électricité
송전탑	pylône électrique
배전	distribution
전선	fil électrique (télégraphique), câble électrique
해저 전선	câble sous-marin
고압선	ligne à haute tension
전력 소비	consommation d'électricité
전력 부족	insuffisance d'énergie électrique
절전	économie d'électricité
정전	panne d'électricité (de courant)
전기 검침	relever le compteur d'électricité, relever l'électricité

원자력

원자력	énergie atomique, énergie nucléaire
원자력 발전	production d'électricité d'origine nucléaire
원자력 발전소	centrale nucléaire, centrale électronucléaire
핵분열	fission nucléaire
핵융합	fusion nucléaire
원자로	réacteur nucléaire, pile atomique
제어봉	barre de contrôle
냉각제	frigorigène
감속재	ralentisseur
경수로	réacteur à eau légère
핵반응	réaction nucléaire
중성자	neutron, particule neutre
원자	atome, atomique, nucléaire
전자	électron, électromagnétique
양자	quantum(ta), proton
중수	eau lourde
경수	eau(x) légère, eau crue
연수	eau douce
동위 원소	isotope
중수소	hydrogène lourd

연쇄 반응	réaction en chaîne, réaction caténaire
임계점	point critique, criticité
핵연료	combustible nucléaire
농축	concentration, enrichissement
농축 우라늄	uranium enrichi
원심 분리기	centrifugeuse
저수조	réservoir, bassin de retenue, citerne
방사능	radioactivité
방사성 원자	atome radioactif
방사능 폐기물	hets radioactifs
방사능 방호복	vêtement antiatomique
방사능 계열	famille radioactive
방사능 비	pluies radioactives
방사성 원소	radioélément
방사성 탄소	radiocarbone
방사성 핵종	radionucléide
방사성 코발트	radiocobalt
방사성 금속	métaux radioactifs
방사성 필라멘트	filament émissif
핵 폐기물	déchets nucléaires
핵 폐기물 저장지	piscine de désactivation

핵 폐기장	poubelle nucléaire, décharge nucléaire
대체 에너지	énergies substituables, énergies alternatives, énergie de remplacement
청정 에너지	énergie propre
풍력 발전기	éolienne
식물 에너지	énergie verte
유혈암	schiste bitumineux
조력 발전	production d'énergie électrique marémotrice
조력 발전소	usine (centrale) marémotrice, station électrique à la force des marées
태양열	énergie (chaleur) solaire
태양열 주택	maison solaire
태양 광선	rayon solaire, rayons de soleil
태양 전지	pile solaire, cellule solaire
지열 발전	électricité géothermique
지진 에너지	énergie sismique

법률

법일반

사법	justice, droit privé
공법	droit public
사법권	pouvoir judiciaire, autorité de justice, pouvoir exécutif
사법기관	corps constitués
사법부	pouvoir judiciaire
사법부 독립	indépendance de la justice
사법연수원	Ecole Nationale de la Magistrature (E.N.M)
사법재판소	cour de justice, palais de justice
국제 사법 재판소	Cour Internationale de Justice, Cour Permanente d'Arbitrage
(상설)국제 사법 재판소	Cour(Permanente) de Justice Internationale
사법제도	système judiciaire
법	loi, droit, code, législation (예)법률을 제정(공포)하다. Édicter. (예)법과 질서를 양립시키다. Réconcilier l'ordre et la justice.
법률가	juriste, jurisconsulte, légiste
법률사무소	cabinet juridique, bureau d'avocat
법률안	projet de loi (정부). proposition de loi (의회) (예)법률안을 가결하다. Voter un projet de loi. (예)그 법률안이 통과되었다. Ce projet de loi a passé.
법률적	juridique

법률조항	articles législatifs, dispositions d'une loi, clause, disposition
법률행위	acte juridique
법령	décret, ordonnance
법령의 시행	promulgation
판례법	jurisprudence
판례집	recueil de jurisprudence, répertoire de jurisprudence
성문법	droit écrit, constitution écrite, loi écrite
관습법	droit coutumier, constitution coutumière, droit commun
법치	gouvernement constitutionnel
법치주의	constitutionnalisme, légalisme
법치국가	État constitutionnel
적법	conforme à la loi, légalité, légitimité, loi juste appropriée
적법성	légalité, légitimité, régularité
적법 행위	acte légal
적법 거래	commerce licite
적법 판결	bien-jugé
위법(불법)	violation de la loi, contraire à la loi, infraction aux lois (예)불법자로 간주하다. Êttre hors la loi.
위법성	illégalité
위법자	violateur(trice) des lois, personne qui enfreint la loi
위법(불법)행위	acte illégal, acte illicite, action illégale

노동법	code travail, législation du travail
불법노동행위	acte de travail illicite
상위법	droit supérieur
하위법	droit inférieur
준법	obéissance aux lois, respect des lois
준법 정신	respect des lois
헌법	Constitution, lois constitutionnelles
헌법초안	projet de constitution
헌법기관	institution constitutionnelle
헌법소원	recours constitutionnel
헌법재판소	conseil constitutionnel
개헌	réforme de la Constitution, modification (amendement) de la Constitution, modifier la Constitution
개헌안	proposition de la réforme de la Constitution
위헌	inconstitutionnalité
합헌	conformité à la constitution
민사법	affaires civiles
민사부	département des affaires civiles
민사사건	affaire civile
민사소송	procès civil, cause civil
민사법원	tribunal civil

민사재판	procès civil
민사재판소	tribunal civil
민사책임	responsabilité civile
상법	droit commercial, code commerce, loi, commerciale
세법	loi fiscale, droit fiscal
행정법	droit administratif
공무원법	statut général des fonctionnaires
특허법	loi relative au brevetageet, à la propriété industrielle
훈령	instructions, directives
대통령령	décret présidentiel, décret du président
시행령	décret exécutif
시행규칙	alinéas(règlements) relatifs à l'application de la loi
규정	stipulation, clause, statut, disposition, règle, règlement, prescription, ordonnance
조례	règlement, arrêté (municipal)
공소시효	validité d'une action publique
소급법	loi rétroactive
증인	témoin
변호사	avocat(e)
국선변호사	avocat(e) d'office, avocat(e) commis, avocat(e) désigné d'office,

변호사협회　Ordre des avocats

변호사 사무소 개업　établir(ouvrir) un cabinet d'avocat

변호사 선임　nommer un(e) avocat(e), choisir un avocat

변리사　avocat en brevets

판사　juge

고법판사　juge de la cour d'appel

배석판사　juge assesseur

부장판사　juge en chef

수석판사　président(e) d'un tribunal

전직 판사　ancien juge

고참 판사　juge ancien

전관예우　honneurs attachés à une fonechon que l'on a quittée

치안판사　juge de paix

초임 판사　premier juge

대법원　la Cour suprême

(예)대법원에 상고하다. Se pourvoir devant la cour suprême.

대법원판사　juge de la Cour suprême

대법원장　président de la Cour suprême

고등법원　Cour d'appel

고등법원장　président de la Haute Cour

법원	tribunal
법원장	président(e) de tribunal
지방법원	tribunal(aux) régional(aux), tribunal(aux) de première instance
가정법원	tribunal des affaires familiales
가정법원 판사	juge aux affaires matrimoniales
가정법률 사무소	centre de consultations juridiques pour les familles

법률

민법

소송	procès (civil, criminel), procédure, poursuite (en justice), action (judiciaire)
맞소송	action de porter plainte mutuellement
무효소송	procès pour une invalidation
이혼소송	instance en divorce, procédure de divorce
행정소송	contentieux administratif
저당권	droit d'hypothèque
구상권	droits à compensation
가압류	saisie provisionnelle
손해배상	dédommagement, indemnité, compensation, dommages et intérêts
피해보상	dédommagement des dégâts
계약	contrat, convention, engagement, bail
계약불이행	non-exécution d'un contrat
계약취소	annuler un contrat, révoquer un contrat, vice rédhibitoire
위약금	pénalité, dédit
협약	convention (예)(과학 및 문화적 자재수입에 관한 협정 (1950. 6. 17) 플로렌스협약. Accord pour l'importation d'objets de caractère éducatif, scientifique ou culturel.

노동협약	convention du travail
단체 협약	convention collective
세계 저작권 협약	convention universelle de copyright
공증	légalisation, authentification, certification (conforme)
민사범죄	délit civil
	(예)법을 준수하다. Respecter la loi.
채권	créance, obligation, emprunt, bon, dettes actives
국고채권	bon du Trésor
금융채권	obligations financières
채권자	créancier(ère)
공동채권자	cocréancier
채권 대위권	créancier en sous-ordre
채권 양도	cession de la créance, céder une créance
채무	dette, obligation
채무자	débitieur(trice)
공공채무	dette publique
금융채무	dette financière
대외채무	dette extérieure
임대인	locateur, bailleur, amodiateur
임차인	locataire, affermataire, amodiataire

법률

재판

승소	gain de cause procès gagné
패소	procès perdu
상소	appel (en justice), pourvoi, recours à la justice
형사소송	procédure pénale
민사소송	procès civil
별론	plaidoyer plaidoirie défense
최종판결	décision finale jugement définitif
심문	interrogatoire
참고인	témoin
배심원	jury
판결	sentence
판결 주문	dispositif d'un jugement
판결례	jurisprudence
판결문	énoncé d'un jugement
소송판결	décision d'un procès
배심원 판결	verdict du jury
무죄판결	verdict d'acquittement verdict négatif
유죄판결	condamnation sentence condamnatoire
사형판결	arrêt de mort
집행유예	sursis

원고(인)	demandeur(deresse), plaignant(e)
원고측	partie requérante, partie plaignante
원고측 증인	témoin à charge
피고 고발	charger un accusé
피고(인)	accusé(e), inculpé(e), intimé, défendeur, prévenu
공동피고	coaccusé, codéfendeur, coïnculpé
피고 불참	accusé défaillant
변호인석	banc des avocats
원고인석	banc du plaignant
피고인석	banc d'accusé, banc des accusés, banc des prévenus
증인석	banc des témoins
증인	témoin, déposant(e), confesseur
산 증인	preuve vivante
핵심증인	témoin-clé
직접 증인	témoin direct
증언	déposition des témoins, déposition du témoin
증거	preuve
증거문서	pièce à conviction, preuve littérale
증거보전	conservation des pièces à conviction
증거 불충분	faute de preuves suffisantes
증거인멸	suppression des preuves

보강증거 preuves à l'appui, pièces (document) à l'appui, preuve corroborante

상황증거 présomptions, preuves indirectes, indice

정황증거 preuve par présomption

증거물 pièce à conviction, preuve matérielle

(예) 증거물을 압수하다. saisir une pièce à conviction

증거 서류 pièces à l'appui, pièce probante, documents justificatifs, pièces à l'appui

법률

형법

형사	crime, pénal(e), criminel(le) en matière criminelle
형사법	code pénal
형사소송법	code de procédure pénale, code d'instruction criminelle
형사처벌	châtiment (peine, sanction, condamnation) pénal(ale)
형사범	criminel(le), inculpé(e)
형사재판	procès criminel
범죄	crime, pénal(e) criminel(le) en matière criminelle
범죄자	coupable, criminel(le)
범죄 전담반	équipe des affaires criminelles, brigade criminelle
경범죄	délit léger, contravention
공범죄	complicité
공범자	complice
성범죄	crime sexuel
준범죄	quasi-délit
계획적 범죄	crime avec préméditation
우발적 범죄	crime involontaire, crime commis accidentellement
은닉죄	recel
범인 은닉죄	recel de malfaiteur
조직 폭력단, 폭력조직	association [bande organisée] de malfaiteurs, organisation criminelle, gang, maffia, mafia, yakusa

무면허 운전	conduire sans permis
음주 운전	conduite en état d'ivresse
강력범	dangereux(se) malfaiteur(trice), crime à main armée
강력반	brigade antigang, brigade de répression et d'intervention (B.R.I.)
절도범	voleur(se)
도난 차량	véhicule volé
차량 절도범	voleur de voitures
상습 절도범	voleur récidiviste
강도	cambrioleur, voleur, bandit, brigand, gangster
살인강도	vol avec meurtre, cambriolage et meurtre (homicide)
날강도	voleur(se)
노상강도	voleur de grand chemin, voleur(se) à l'étalage, chapardeur(se)
떼강도	groupe de cambrioleurs(ses), groupe de voleurs(ses), groupe de brigands
무장강도	voleur armé, vol à main armée
공갈	menace, intimidation, chantage
공갈범	maître chanteur, suspect d'avoir menacé
공갈 협박	chantage
무기소지	port d'armes, détention d'armes
폭행	acte de violence, vol

폭행범	agresseur
성희롱	harcèlement sexuel
성폭력	violence sexuelle
성폭행	agression sexuelle
집단폭행	violence collective
무단침입	violation de propriété, entrer par effraction, entrée non autorisée
납치	enlèvement, rapt, kidnapping
납치범	kidnappeur(se), ravisseur(se), auteur d'un enlèvement
납치극	scène d'enlèvement, scène d'enlèvement, monter un kidnapping
방화	incendie volontaire
방화범	incendiaire, incendie criminel
방화복	vêtement anti-feu
살인	homicide, meurtre
살인범	homicide, meurtrier(ère)
살인죄	homicide, meurtre
청부살인	assassinat commandité, meurtre à gages
연쇄살인	meurtres en série
살인미수	tentative de meurtre, tentative d'homicide, tentative de suicide
과실치사	homicide involontaire
상해치사	coups et blessures entraînant la mort

경제사범	crime économique
횡령	appropriation, malversation, détournement (de fonds)
공금횡령	abus de biens sociaux, détournement de fonds publics
사기횡령	détournement de fonds
배임	prévarication, abus de confiance (de pouvoir, d'autorité)
밀수	contrebande, commerce illégal, fraude
밀수꾼	contrebandier(ère)
밀수단	groupe de contrebande
밀수입품	article importé clandestinement, marchandise importé(e) de contrebande
밀수출	exportations clandestines
탈세	fraude fiscale
탈세액	montant de fraude fiscale
위조지폐	faux billet
위조여권	faux passeport
마약	drogue
마약단속	répression du trafic des stupéfiants, dépistages antidrogue
마약밀매	trafic de stupéfiants
마약중독	toxicomanie
마약중독자	toxicomane
대검찰청	le Parquet général

검찰총장	Procureur général
검사	procureur
검사장	chef du Parquet
경찰	police
경찰권	pouvoir de police, autorité policière
경찰국가	État policier
경찰서	commissariat de police
경찰서장	commissaire de police
경찰수사관	inspecteur de police
사법경찰	police judiciaire
치안	ordre public
잠복근무	planque
미행	filature
도청	écoute téléphonique (clandestine), usage illicite d'un poste de radio
제보	renseignements fournis
피해자	victime
가해자	agresseur
용의자	suspect
체포	arrestation
체포영장	mandat d'arrêt

입건	mise en accusation
취조	enquête, interrogatoire
취조관	enquêteur
취조실	chambre d'interrogatoire
진술서	déclaration
고소장	plainte
기소장	acte d'accusation
부검	autopsie
징역	réclusion, emprisomement, détention
무기징역	emprisonnement à perpétuité
보석금	caution (de mise en liberté provisoire)
보호관찰	liberté surveillée
사회봉사	service bénévole social
사형선고	condamnation à mort
사형	peine de mort, peine capitale, sentence capitale, condamnation à mort
사형수	condamné(e) à mort
교도소	maison de redressement
사면	pardon, rémission, amnistie, grâce
출소	mise en liberté après l'expiration de sa peine

문화

관광 · 여행

관광	tourisme
관광 산업	industrie touristique
성수기	haute saison (예)지금은 관광 성수기입니다. Nous sommes à la haute saison touristique.
비수기	basse saison, hors-saison
관광국	pays touristique
관광지	site(lieu) touristique
관광 단지	complexe touristique
관광단	groupe de touristes
관광객	touriste
관광 안내소	office de tourisme, bureau de renseignements touristique
관광 상품	produit touristique
관광 버스	autocar de tourisme
무전 여행	voyage sans argent
여행 상품	offre circuit
바가지 요금	trop-perçu
여행 행사 상품	promotion circuit
요금인하	réduction tarifaire
관광 수입	revenue touristique
관광 공급	offre touristique

백화점	centre commercial, centre de shopping
숙박 시설	équipement d'hébergement, logements
호텔	hôtel (예)호텔에 묵다. Séjourner(loger) dans un hôtel
팁	pourboire
민박	pension de famille
콘도	immeuble en copropriété, copropriété
펜션	pension
생태 관광	écotourisme
자연 관광	tourisme de nature
체험 관광	tourisme d'aventure
쇼핑 관광	tourisme d'achat
놀이 공원	parc d'attractions
물놀이 공원	parc aquatique, centre aquatique, parc d'attractions quatiques
테마 공원	parc à thème
입장객	public
시민 공원	parc public
수도 공원	parc métropole
휴식 공원	caravane de parc
휴식 공간	lieu de repos
시간의 정원	jardin du temps

수생식물 정원	jardin de végétation aquatique
선유도	l'île de Sunyudo
명소	lieu célèbre, endroit célèbre, site pittoresque
고향	pays natal, ville natale
명상	méditation
수원지	bassin-versant
자작나무 숲	forêt du bouleau blanche
소풍	excursion, promenade, pique-nique
미루나무 길	route peuplier
전망대	belvédère, poste d'observation, station d'observation
전망창	fenêtre panoramique
야경	vue de nuit, panorama nocturne
기념품	souvenir
공예품	oeuvre artisanales, objets artisanaux
민예품	objet d'art populaire
특산품	spécialité régionale, spécialité de la région
면세품	article détaxé
면세품목	liste des articles tétaxés
면세	détaxe, exemption(exonération) d'impôts, détaxation (예)면세를 받다. Être détaxé(e), être exonéré(e) d'impôts. (예)부가세를 면세 받다. Être détaxé de la T.V.A (예)면세를 하다. Détaxer, exempter(exonérer) d'impôts, dégrever

면세점	boutique hors taxes, boutique franche
세관	bureau(poste) de douane
세관원	douanier
통관	dédouanement
통관 수속	formalité de douane
환전소	bureau de change
이국적	exotique
출장	mission(officielle), voyage d'affaire
여가	loisir (예)여가를 독서로 보내다. Consacrer ses loirirs à la lecture.
여행	voyage
여행 목적	but d'un voyage
여행사	agence de voyage
여행 일정	itinéraire, programme de voyage
관광 열차	train touristique
국내선	ligne intérieure(nationale)
국제선	ligne internationale
편도 항공권	billet aller-simple
왕복 항공권	billet aller-retour, billet aller et retour
할인표	billet promotinnel, billet à prix réduit, billet avec réduction
선박	bateau, navire, paquebot

순양	croisière
유람선	bateau d'excursion, bateau-mouche
전차	tramway
기차	train
기차시간표	horaire, indicateur des chemins de fer
여권	passeport
관용 여권	passeport officiel
외교 여권	passeport diplomate
단수 여권	passeport simple
복수 여권	passeport multiple
비자	visa (예)한국인의 미국입국 절차 간소화(한국인에 대한 미국입국 비자 면제). Accord aux sud-coreens de visiter plus facilement les Etats-Unís.
입국 비자	visa d'entrée
단수 비자	visa à entrée simple
복수 비자	visa à entrée multiple
관광 비자	visa de tourisme
학생 비자	visa d'étudiant
업무 비자	visa de travail
취업 비자	permis de travail
장기 비자	visa de court séjour(courte durée)

단기 비자	visa de long séjour(de long durée)
예방접종증명서	certificat de vaccination
정기항공로	ligne aérienne(d'aviation)
항공교통	trafic aérien
항공권	billet d'avion
항공기	avion
항공사	compagnie aérienne
항공요금	prix d'un billet d'avion
항공우편	poste aérienne, courrier aérien
항공회사	compagnie aérienne, compagnie d'aviation
장거리 여행	long voyage, long trajet, longues heures de route
출발 전	avant de se mettre en route

문화

문화유산

고조선	Gojoseon, antique de Corée(fondé en 2333 av. J-C par Dangun)
삼국시대	Samguk, période des Trois Royaumes Antique(de Corée)
고구려	Royaume de Goguryeo
백제	Royaume de Baekje
신라	Royaume de Silla (예)신라의 거상 장보고. Jang Bogo le grand commerçant de l'époque Silla.
통일신라	Royaume-Uni de Silla
후삼국	Hu-Samguk, Post-Trois Royaumes, Trois Royaumes postérieurs
고려 시대	Dinastie(Royaume de) Goryeo
조선 시대	Dinastie(Royaume de) Joseon
일제 강점기	occupation japonaise, impérialisme japonaise
관습, 풍습	coutume
천연 기념물	monument naturel
유물	vestiges
문화재	biens culturels (예)문화재를 되사다. Racheter les oeuvres d'arts.
소중한 문화재	un bien culturel précieux
문화재 약탈	dérober, voler les biens culturels

문화재 도굴　fouille illicite des biens culturels

(예)이탈리아에서 도굴된 것으로 여겨지는 고미술품 은닉.
Recel d'antiquités présumées pillées en Italie.

문화재 반환　restitution(rétrocession, retour) des biens culturels

미술품의 반환　restitution d'oeuvres d'art

문화재 교환　échange

중요한 고미술품 교환　échange d'antiquités importantes

문화재 수집　rassembler les biens culturels

문화재 보존　préserver(sauvegarder) les biens culturels

중요 문화재　biens culturels très significatifs

인간 문화재　patrimoine culturel

유형 문화재　patrimoine culturel matériel

무형 문화재　patrimoine culturel immatériel

문화 유산　patrimoines culturels

문화 유산 보호(보존) protéger(préserver) les patrimoines culturels

세계 문화유산　patrimoine mondial

문화유산 보유　possèder un bon nombre de patrimoines culturels

인류 공동유산　patrimoine commun de l'humanité

문화 유적　monuments culturels

유네스코　Oraganisation des Nations Unies pour l'Éducation, ,la Science et la Culture(UNESCO)

[정의]국제연합교육과학문화기구

문화 다양성	diversité culturelle (예)문화다양성을 진흥하다. Promouvoir la diversitéculturelle.
유네스코 문화다양성협약	Convention de l'UNESCO sur la diversité culturelle
유네스코 세계 문화다양성 선언문	déclaration universelle de l'UNESCO sur la diversite culturelle
유네스코 세계기록유산	Registre de la Mémoire du monde de l'UNESCO
유네스코 세계문화유산	patrimoine mondial de l'UNESCO
유네스코 지정 세계 문화 유산	Patrimoines culturels mondiaux attestés(enregistrés) par l'UNESCO
팔만 대장경	Palman Daejanggyeong, le canon bouddhiste sur quatre- vingts mille tablettes en bois
훈민정음	Hunminjeongeum, sons appropriés pour instruire le peuple
종묘	haut lieu confucéen, sanctuaire royal Jongmyo
석굴암	grotte de Seokguram
불국사	temple Bulguksa
화성대	forteresse hwaseong
창덕궁	palais Changdeokgung
조선왕조 실록	Joseon Wangjo Sillok, archives de la dynastie de Joseon
승정원 일기	Seungjeongwon Ilgi, journal des Secrétariats Royaux
직지심체요절	Buljo Jikji Simche Yojeol(Anthologie des Enseignements des Moines Bouddhistes),(ou plus simplement Jikji)

종묘제례	culte rendu à la famille royale
해인사 장경 판전	temple de Haeinsa Janggyeong Panjeon
인쇄술	typographie (예)인쇄술은 Gutenberg 것의 70년 이상 앞서 있다. La typographie devance de 70 ans celle de Gutenberg. (예)인쇄술 오타: Erreurs d'ordre typographique
금속활자	caractères métalliques mobiles (예)세계 최고의 금속활자본으로 공인. Il est reconnu dans le monde comme étant le livre le plus ancien
고문서	archives
외규장각 도서	archives d'Oe-Kyugangak (예)외규장각 문서를 디지털화하다. Numériser les archives royales.
규장각 반환	restitution des archives royales
삼존마애불상	triade Bouddha taillé sur le rocher
석굴	grotte articicielle creusée
석조구조	structure colossale en pierre
백운화상	moine
불교의(사람)	moine bouddhiste
불교의(사물)	religion bouddhique
인류학	anthropologie
전통	tradition, usage
전통적	traditionnel(le)

문화적 전통　traditions culturelles

(예)창조력은 문화적 전통의 뿌리에 그 원천을 둔다.
Chaque création puise aux racines des traditions culturelles

창조의 근원(발원지)　source d'inspiration créative

획일화　uniformisation

역사적 중요성　importance historique

(예)필적하는 미와 역사적 중요성을 가진 문화재.
Objets à la beauté visuelle et à l'importance historique comparables

문화적 관심　intérêt culturel

(예)문화적 관심을 높이다. Êlargir notre intérêt culturel.

문화적 욕망　désir culturel

문화적 제국주의　impérialisme culturel

문화 정체성　identité culturelle

(예)문화 정체성 보호 및 증진. Préserver et promouvoir l'identité culturelle.
(예)역사적유물 보호 및 보존.
Protection et la conservation des monuments historiques.

문화

민속문화

한국의 정서	identité coréenne, esprit coréen
민속	folklore
심오한 불교사상	profonde pensée bouddhique
무속신앙	chamanisme
무속음악	musique chamanique,musique des chamans
무당	prêtre(sse)(et guérisseur(se))(du chamanisme), chaman(e), shaman(e)
굿	gut, cérémonie chamaniste, exorcisme
부적	talisman, amulette, porte-bonheur, phylactère
연등회	cérémonie nationale bouddhiste
팔관회	prières aux dieux pour la prospérité de la nation
전통춤	danse traditionnelle
탈춤	danse masqué
농악	musique instrumentale paysanne
사물놀이	samulnori, danse folklorique exécutée sur les quatre instruments à percussion trditionnels
판소리	Pansori, opéra traditionnel coréen, opéra lyrique traditionnel
음력	calandrier lunaire
양력	calandrier solaire
제사	rite du culte des ancêtres

정월대보름 Jeongwol Daeboreum premier jour de la pleine lune Daeboreum

[정의]le 15ème jour du 1er mois du calendrier lunaire

입춘 ipchun, commencement du printemps

삼복 Sambok, trois jours marquant de la période la plus chaude de l'été

동지 Dongji, Soltice d'hiver, solstice d'hiver

문화 • 민속문화

문화

공휴일

공휴일	jour férié, jour de congé régulier (예)대통령 선거일은 임시 공휴일이다. Le jour de l'élection présidentielle est un jour de congé exceptionnel.
신정	fête de nouvel an, jour de l'an [정의]le 1er janvier
설날	jour de l'an, nouvel an lunaire, Seollal, jour de la nouvelle année lunaire, nouvel an chinois, [정의]le 1er jour du 1er mois du calendrier lunaire
삼일절	jour de l'indépendance jour du mouvement d'indépendance du 1er mars [정의]le 1er mars
식목일	fête de l'arbre [정의]le 5 avril
근로자의 날(노동절)	fête du Travail [정의]le 1er mai
석가 탄신일	naissance de Bouddha
현충일	commémoration des morts pour la patrie
광복절	fête de la libération [정의]le 15 août
추석	chuseok, Jour des moissons fête des récoltes traditionnelle, fête de la récolte, fête d'automne
개천절	fête de la fondation [정의]anniversaire de la fondation du parti travailliste

제헌절 fête de la constitution, jour de la constitution

[정의]le 27 décembre

성탄절 Noël

[정의]le 25 décembre

문화

전통음식

공기밥	bol de riz
비빔밥	bibimpap, riz mélangé avec un assortiment froid de légumes
오곡밥	ogokbap, riz bouilli avec cinq céréales différentes(le riz, le haricot, et le haricot rouge et deux genres de millet)
반찬	plat d'accompagnement
젓갈	saumure de poisson, fruits de mer fermentés avec de la saumure
새우젓	saumure de crevette
멸치젓	saumure d'anchois, anchois saumurés
신선로	sinseollo, plat à la casserole
구절판	gujeolpan, plat aux neuf compartiments
잡채	japchae
냉채	naengchae, salade de crudités
물냉면	mul naengpyeon, nouilles de sarrasins froides
김치	kimchi, plat végétal fermenté
고춧가루	piment en poudre
김장	gimjang, préparation du gimchi d'hiver, gimchi d'hiver (예)김장을 담그다. Préparer le gimchi d'hiver.
김장독	jarre de conservation du gimchi d'hiver (예)김장독을 묻다. Enterrer une jarre de gimchi d'hiver.

(통)배추김치	tongbaechu kimchi, kimchi de chou(entier)
동치미	kimchi de radis dans l'eau
총각김치	chonggak kimchi, kimchi de radis, dit kimchi des vieux garçons
나박김치	nabak kimchi, kimchi découpé en tranches de radis dans l'eau et de chou
열무김치	yeolmu kimchi, kimchi de radis
깍두기	kkakdugi, kimchi découpé de radis en cube
오이소배기	oisobaegi, kimchi de concombre
장아찌	jjangajji, tranches de navets séchées et salées avec de la sauce de soja
갈비구이	galbi gui, côte grillé
불고기	bulgogi, boeuf marinée à la sauce de soja
삼겹살	samgyeopsal, tranche de poitrine de porc grillées
장	jang, saumure sauce fermenté
된장	doenjang, pâte de soja fermenté
간장	ganjang, sauce de soja
찌개	jjigae, soupe
김치찌개	kimchi jjigae, soupe de kimchi
된장찌개	doenjang jjigae, soupe de doenjang
국	guk, soupe, bouillon, potage

미역국	soupe de miyeok(d'algue)
떡국	tteokguk, potage de gâteau de riz
탕	tang, buillon, soupe, potage
삼계탕	samgyetang, une soupe de poulet au ginseng
설렁탕	seollongtang, soupe de boeuf
토란탕	torantang, potage de taro
해물탕	soupe aux fruits de mer
갈비탕	galbi tang, soupe aux travers de boeuf
곰탕	gomtang(bouillon gras de viande de boeuf)
소주	soju, alcool populaire, alcool à base de farine de patate douce
동동주	dongdongju, alcool de riz makgeolli, alcool de riz traditionnel
인삼주	insamju, vin de ginseng, alcool de ginseng
떡	tteok, pâte de riz préparée à partir de poudre de riz, cuite à la vapeur puis passée au pilon
송편	songpyeon, gâteau de riz en croissant
팥죽	patjuk, bouille de haricots rouges
쌀, 밥	riz
궁중요리	cuisine royale, cuisine de cour
무공해 식품	allimentation saine
발효식품	produit fermenté

가공 식품	aliments traités
수저	la cuillère et les baguettes
식사	repas, restauration
야채	légumes
요리법	gastronomie
자극적	épicé
전유어	jeonyueo, bouché de poisson frit
회	poissons crus
수입와인	vins importés
칠레와인	vin chilien
음식만 제공하는 사람	traiteur

(예)이례적인 성장을 보이다. Enregistrer une croissance exceptionnelle.

문화

문화

문화권	aire(sphère) culturelle
문화 획일화	uniformité culturelle, l'uniformisation
문화간 대화	dialogue interculturel
문화민주주의	démocratie culturelle
문화보편주의	universalisme culturel
문화생활	activité culturel, vie civilisée(culturelle, cultivée)
문화수준	niveau de culture
문화시민	citoyen(ne) civilisé(e), personne civilisée
문화상품과 서비스	biens et services culturels
문화예술교육	éducation artistique et culturelle
문화의 대중화	démocratisation culturelle
문화의 미래	l'avenir de la culture
문화의 산실	véritable bouillon de culture, berceau de la culture
문화의 전파(보급)	diffustion de la culutre
문화의 중심지	carrefour culturel

(예)이처럼 리움(박물관)은 문화와 예술의 중심지가 될 것이다.
Leeum sera ainsi un carrefour culturel et artistique.

(예)문화의 흐름 이해. Comprendre la tendance culturelle.
(예)문화활동을 공동으로 활성화하다.
Promouvoir conjointement les activités culturelles.

다문화주의	pluralisme culturel
다양한 사회배경	issues de sociétés diverses

다언어주의	multilinguisme
다원주의	pluralisme
수집품	collection
수집, 획득, 취득	acquisition
국경을 넘다	franchir transcender les frontières
국내 문화	culture nationale (예)국내 문화에 다른 문화적 요소를 접목시키다. Intégrer à notre culture nationale des éléments d'autres cultures.
문화의 시대	siècle(aire) de la culture (예)21세기는 문화의 시대이다. Le 21ème siècle est d'ores et déjà celui de la culture.
만남과 교류의 장	lieux de rencontre et, lieux de partage
만화	neuvième art
퓨전	fusion (예)대중문화의 가장 중심적인 코드는 퓨전이다. Le concept de fusion est devenu le mot d'ordre de la culture moderne.
교량으로서의 역할	jouer le rôle de pont(passerelle) entre deux
개화기	l'âge d'or, fleurir, s'épanouir, floraison
당시 유행했던	qui prévalait à l'époque
독창적 건축	conception originale
독창적, 참신한	originales
독창적인 표현법	expression originale
독특한 구조	originalité de son expression

무역의 길 개척 tracer une route du commerce

(예)문화가 국제교류의 공통언어가 되다.
La culture est devenue la langue commune des échanges internationaux.

반박의 여지 없이 sans conteste

한류 engouement(ferveu, enthousiasme, passion) pour tout ce qui est coréen(la chose coréenne), la vague coréenne

(예)한류로 인해 짧은 시간에 양국 관계가 발전하였다.
Grâce à la vague coréenne, les relations entre les deux nations viennent de connaître des progrès considérables en très peu de temps.

(예)해외 드라마가 이같은 기록을 세운 것은 경이적일이다.
Il est remarquable qu'un feuilleton étranger ait battu tous les records de popularité.

한국문화의 성공 succès de la culture coréenne

(예)일본에서의 한국문화 선전은 시사하는 바가 크다.
Le succès de la culture coréenne au Japon est donc riche d'enseignement.

뛰어난 예술성 artistique remarquable, hymne à l'art

완벽함 extérité remarquable, perfection

욘사마 신드롬 syndrome du très vénéré Yon

인기가요 chansons populaires, chansons en tête du hit-parade

장중한 majestueux

전달 transmettre

전면 partie frontale, façade

절정 이룸 atteindre son paroxysme, apposé où se joignent les cultures contientales, maritimes

주실 rotonde principale

지어진 hérigé, édifié, réalisé

천재예술가 génie des artistes

한국 전통미술 소개 présenter l'art traditionnel coréen

(예)한국의 문화를 새롭게 바라보다. Culture coréenne revisitée.

활 arc

지식기반사회 économie fondée sur le savoir

지식의 교류 échange des connaissances

자유로운 사상의 흐름 libre circulation des idées

언어다양성 diversité linguistique

국제적 위상 rayonnement international

상생과 조화 coexistence et harmonie

(예)동양과 서양 문화의 상생과 조화.

Coexistence et harmonie des cultures occidentale et orientale

(예)새로운 전기를 마련하다. Marquer une nouvelle étape.

서커스공연 spectacles de cirque

세계문화다양성의 날 Journée mondiale de la diversité culturelle pour le dialogue et le développement

보존하다 préserver, sauvegarder, conserver

복원하다 restaurer

복제품 reproduction

(예)국외 반출되다. Être transféré(e) hors du territoire.

발원지	source
민주문화	culture populaire
미국의 문화패권	prééminence culturelle des États-Unis
	(예)두 문화를 잇는 교량역할을 하다. Jouer un rôle de ponts qui relient les deux cultures.
문학평론가	critique littéraire
대중문화평론가	critique de culture populaire
도서평론가	critique de livre

문화

문학

세계 영화 유산	patrimoine mondial du cinéma
걸작	chef-d'œuvre
소설문학	littérature romancière
시점, 관점	optique
극작가	auteur dramatique, écrivain de théâtre
단편소설	conte
문단	monde des lettres, milieu littéraire
출판계	édition
문예사조	courant littéraire
문인	homme de lettres
문학	littérature, belle lettre
문학사	histoire littéraire(de la littérature)
문학운동	mouvement littéraire
문학이론	théorie littéraire
사화집	anthologie
선집	œuvres choisies
소설	roman
소설가	romancier(ère)
수필가	essayiste
시	poème, poésie

시구	vers
시인	poète
시작법	versification
시집	recueil de poèmes
운	rime
운각	pied
이야기	récit
자기만의 스타일	style particulier, style(propre) à lui
작가	auteur, écrivain
작품(작업)	œuvre
전집	œuvres complètes
중편소설	nouvelle
평론가	critique littéraire
경쟁부문출품작	film en compétition
프랑스국립도서관	Bibliothèque Nationale de France
저작권	droit d'auteur, copyright

문화

국제영화제

깐느영화제 Festival de Cannes, Festival International du Film de Cannes

끌레르몽-페랑 단편영화제 Festival Clermont-Ferrand Du Court Métrage

동경국제영화제 Festival International du Film de Tokyo

로카르노 국제영화제 Festival International du Film de Locarno

[정의]매년 8월 스위스에서 열리며, 영화인들의 새로운 재능 발견에 목적을 둠

상하이 국제영화제 Festival International du Film de Shanghai

[정의]Shanhai International Film Festival: 신생 영화제(since 1993)

선댄스 영화제 Festival du Film de Sundance

[정의]The Sundance Film Festival: '내일을 쏴라'에서 자신이 맡았던 배역의 이름을 따서 81년 창설. 독립영화를 꿈꾸는 수많은 영화학도들에게 할리우드 출신 대배우 레드포드가 열어준 세계시장의 관문

세계각국의 신인 감독의 작품을 소개하는 영화제 La Quinzaine des Réalisateurs

[정의]Ce festival, totalement indépendant de la compétition officielle a pour objectif d'aider les cinéastes et de favoriser leur découvert par la public et la ciritique

카를로비 바리 국제영화제 Festival International du Film de Karlovy Vary

[정의]Karlovy Vary International Film Festival : 체코슬로바키아에서 열림. 초기에는 비주류, 사회주의 국가의 사회적, 정치적 상황에서 벗어나 영화 산업적 측면 중시하며 이 영화제 국유화– 경쟁부문으로 거듭남. 특히 다큐멘터리 경쟁부문을 특별히 다룸

밴쿠버 국제영화제 Festival International du Film de Vancouver

(예) Vancouver International Film Festival: 단편영화만 경쟁부문

시애틀 국제영화제 Festival International du Film de Seattle

(영) Seattle International Film Festival:

오버 하우젠 국제 단편영화제 Festival du Court Métrage d'Oberhausen

(영)OberHausen Short Film Festival

템페레 국제 단편영화제 Festival International du Court Métrage de Tampere

[정의]클레르몽 페랑, 오버하우젠 등과 함께 세계 3대 단편영화제. 핀란드에서 열림 Tampere Short film festival:

공식심사위원 membres du jury officiels

씨네파운 데이션과 단편부문 심사위원 jury de la Cinéfondation et des courts métrages

장편영화부문 심사위원 jury des longues métrages

주목할만한부문심사위원 jury Un Certain Regard

공식선정 selection officielle

남우주연상 Prix d'interprétation masculine

여우주연상 Prix d'interprétation féminine

심사위원대상 Grand Prix du Jury

심사위원상 Prix du jury

연출상 Prix de la mise en scène

황금종려상 La Palme d'Or

황금카메라상 Le Prix de la Caméra d'Or

단편부문 황금종려상 Palme d'Or du court métrage

비경쟁부문출품작 film hors compétition

골든라즈베리 시상식 Razzie Awards

[정의]매년 아카데미(오스카 시상식 전날 올해의 최악의 영화들을 뽑아서 시상. 상을 받으러 오는 사람은 없다.The Golden Raspberry Award

무용, 뮤지컬

고전작품	représentations classiques
고전주의 발레	ballet classique
발레단	corps de ballet
궁정발레	ballet de cour
낭만주의 발레	ballet romantique
단장	directrice de la compaqurie, diretrice du troupe
대작 레퍼토리	répertoire de grandes oeuvres, compter désormais de grandes oeuvres à son répertoire
대중화(예술, 스포츠)	popularisation, démocratisation, vulgarisation
대표적인 고전 발레 작품	chefs-d'oeuvre classiques représentatifs
독특한 캐릭터 해석	interprétation inédite de personnages
무대 아래로 보내는 박수	applaudissements en coulisses
발레 왕관	diadème
발레 의상	costume de ballet
발레단에서 발전	évoluant en son sein (예)한국발레 발전은 발레단 창단 덕택. Le ballet coréen doit sa croissance spectaculaire à la création(l'établissement) et au développement de troupes professionnelles.
세계적 위치 차지	occuper les devants de la scène mondiale
소품	accesoire
수석 무용수	premier danseur, première danseuse

스타, 주연배우 star, vedette, célébrité

(예)스타급 무용수를 배출하다. Produire des talents.

스텝 pas

2인무 pas de deux

3인무 pas de trois

안무 chorégraphie

안무가 chorégraphe

유명 국제 콩쿨 prestigieux concours internationaux(faisant autorité)

전문 발레단 troupe de ballet professionnelle

질적 성장 amélioration qualitative

(예)한국 무용의 질적 성장. Amélioration qualitative du ballet coréen.

창단멤버 membre fondateur(trice) de la compagnie

최고여성무용가상 Prix de la meilleure danseuse

커튼콜 rappel de rideau

(예)커튼콜을 받다. Recevoir des rappels de rideau.

토 슈즈 chaussons à pointes

퍼포먼스 arts du spectacle

한국발레 원동력 force motrice du développement du ballet coréen

발레극 représentation, événement, manifestation

(예)선보일 준비가 되다. Être en mesure de proposer.

호평 éloge

군무 앙상블	chorégraphie d'ensemble
유니버설 발레단	Compagnie universelle de ballet
무대천장담당	cintrier
뮤지컬	comédie musicale
뮤지컬영화	film musical
믹싱	mixage
분장, 화장	maquillage
불꽃효과담당	pyrotechnicien
스포트라이트 조명기사	poursuiteurs
실황공연녹화	enregistrement public
연습트레이너	répétiteur
연출	mise en scène
음향	son, accoustique, bruitage
의상담당	habilleur(se), costumier
의상실	atelier costumes
의상제작	création costumes
전면 음향기사	ingénieur du son façade
조명감독	régisseur lumières
특수효과	effets spéciaux
편집	montage
줄거리	intrigue

후면 음향기사 ingénieur du son retour

고전남자무용수 danseur noble

문화

사자성어

일석이조	faire d'une pière deux coups
일진일퇴	avance et recul tour à tour, avoir des hauts et des bas, passer par des alternatives de mieux et de pire
일촉즉발	danger imminent, situation critique(très tendue)
일취월장	progrès jour après jour(et mois après mois)
일편단심	grande fidélité, dévouement absolu(aveugle)
일필휘지	belle caligraphie rapidement faite
일확천금	faire fortune d'un seul coup (예)일확천금을 노리다. Rêver de faire fortune d'un seul coup.
임기응변	mesure exigée par les circonstances (예)임기응변으로 대처하다. Agir selon les circonstances, s'adapter aux circonstances.
자중지란	guerre intestine(fractricide)
자포자기	résignation, abandon de soi-même, être désespéré, désespoir, déception
작심삼일	résolution de trois jours, résolution bonne pour trois jours
전화위복	A quelque chose malheur est bon
천하일품	produit unique dans son genre, produit inestimable
첩첩산중	au fond des montagnes, en pleine montagne
팔척장신	géant(e)

패가망신	ruine totale de soi-même et de sa famille, ruiner et déshonorer sa famille
호가호위	gain de pouvoir en empruntant la puissance d'autrui
호각지세	(être de) force égale
환골탈태	transformation complète, métamorphose
희로애락	joie, colère, tristesse et plaisir
각인각색	Autant de têtes, autant d'avis.
고진감래	après la pluie, le beau temps
다다익선	ce qui abonde ne nuit pas
부전자전	tel père, tel fils
사상누각	bâtir des châteaux en Espagne
사필귀정	le bien l'emporte toujours
설상가상	un malheur ne vient jamais seul
십중팔구	selon toutes apparences, entre 8 et 9 sur 10
약육강식	la loi de la jungle
유유상종	qui se ressemble s'assemble
자업자득	comme on fait son lit, on se couche.
조삼모사	blanc bonnet, bonnet blanc

문화

속담

가난은 죄악이 아니다.
Pauvrete n'est pas vice.

가장 적은 실수가 늘 최선이다.
Les plus courtes erreurs sont toujours les meilleurs.

건전한 정신은 건강한 육체에 깃든다.
Un esprit sain dans un corps sain.

겉만 보고 판단하지 말라.
Il ne faut pas juger l'arbre par l'écorce.

고백한 과오는 반은 용서받은 것이나 다름없다.
Faute avouée est à moitié pardonnée.

고생 끝에 낙이 온다.
Il faut casser le noyau pour avoir l'amande. Apriès la pluie, le beau temps.

고양이에게 생선을 맡긴 격이다.
Enfermer le loup dans la bergerie. confier le poisson au chat.

궁하면 통한다.
De tout s'avise à qui pain faut.

그놈이 그놈이다.
A est à B ce que C est à D.

금전상의 손실은 구제할 길이 있다.
Plaie d'argent n'est pas mortelle.

까마귀가 검은 것을 나무란다.
Le corbeau critique la noirceur.

나무는 보고 숲은 못 본다.
Les arbres cachent la forêt.incapalole de voir a voyat la forêt lesarlores.

남의 떡이 더 커 보인다.
Dans le champ d'autrui la moisson est toujours plus belle.

내가 좋으면 나의 뒤를 따르라!
Qui m'aime me suive!

늙으면 정신도 쇠약해진다.
Le grand âge affaisse l'esprit.

달리는 말에 채찍질하다.
Il faut battre le fer pendant qu'il est chaud.

도둑이 제발 저리다.
Qui s'excuse s'accuse.

돈에는 귀천이 없다.
L'argent n'a pas d'odeur.

돈이 돈을 번다.
Un bien en acquiert un autre.

떡 줄 사람은 생각도 않는데 김치국부터마신다.
Vendre la peau de l'ours avant de l'avoir tué.

말 타면 경마장 가고 싶다.
L'appétit vient en mangeant.

말은 은이요, 침묵은 금이다.
La parole est d'argent, la silence est d'or.

말을 하지 말아야 할 때가 있고, 할 때가 있다.
Il y a un temps pour se taire et un temps pour parler.

먼데서 온 사람은 거짓말하기 쉽다.
À beau mentir qui vient de loin.

몸에 좋은 약은 입에 쓰다.
Le bon sel pique.

무소식이 희소식이다.
Pas de nouvelles, bonnes nouvelles.

미리 알고 있는 자는 갑절의 조심을 하는 법이다.
Un homme averti en vaut deux.

민심은 천심이다.
Voix du peuple, voix de Dieu.

믿는 도끼에 발등 찍힌다.
On n'est jamais trahi que par les siens.

바늘도둑 소도둑된다.
Qui vole un oeuf, vole un boeuf.

배움에는 나이가 없다.
On apprend à tout âge.

부귀에 아부하는 사람.
Celui qui adore le veau d'or.

부정으로 번 돈은 몸에 붙지 않는다.
Un bien mal acquis ne profite jamais.

불행은 불행을 부른다.
Un malheur en appelle un autre.

사람의 생각에는 한도가 있다.
On ne s'avise jamais de tout.

서로 다른 것을 혼동해서는 안 된다.(아 다르고 어 다르다)
Il ne faut pas confondre autour avec alentour.

세월 앞에 장사 없다.

Le temps ruine les monuments les plus solides.

술에 빠진 사람.

Un individu qui s'est adonné à la boisson.

시대가 바뀌면 풍속도 달라진다.

Autres temps, autres moeurs.

시작이 반이다.

Il n'y a que le premier pas qui coûte.

시작한 것은 끝을 맺어야 한다.

Qui(a) dit A doit dire B.

시장이 반찬이다.

Il n'est chère sauce que d'appétit, la faim assaisonne tout.

실패는 성공의 어머니이다.

L'échec est mère de réussite.

심판을 하려면, 양쪽 이야기를 공평하게 들어야 한다.

Pour juger, il faut avoir les deux oreilles semblables.

도로 나무아미타불.

Autant en emporte le vent.

아 다르고 어 다르다.

C'est l'air qui fait la chanson.

아니땐 굴뚝에 연기나랴.

il n'y a pas de fumée sans feu.

아침에 일어나는 새가 벌레를 잡는다.

Dieu aide et prête la mainà qui se

여인을 얻는 자는 행복을 얻을 지니라.
Celui qui trouve une femme trouve le bonheur.

열 번 찍어 안 넘어가는 나무 없다.
L'arbre ne tombe pas du premier coup.

외국어를 모르는 사람은 자기 말도 모른다.(Goethe)
Qui ne connait pas de langues étrangeres ne connait pas la sienne.

의심스러울 때는 잠자코 있어라.
Dans le doute abstiens-toi.

인간은 모든 것의 척도이다.
L'homme est la mesure de toutes choses

인생은 짧고, 예술은 길다.
La vie est courte, l'art est long.

일하지 않는 자는 먹지도 마라.
Nul pain sans peine.

자기 좋은 말을 하면 나쁜 말을 듣는다.
Qui dit ce qui lui plait entend ce qui ne lui plait pas.

자라보고 놀란가슴 솥뚜껑보고 놀란다.
Chat échaudé craint l'eau froide.

자리에 없으면 손해 보게 마련이다.
Les absents ont toujours tort.

재산의 첫째는 건강, 둘째는 아름다움, 셋째가 부유함이다.
Le premier bien est la sante, le deuxieme la beaute, le troisieme la richesse.

적은 비에도 큰 바람은 멎는다. 가는 비에 옷 젖는 줄 모른다.
Petit pluie abat grand vent.

젊어서 고생은 사서도 한다.

Rien n'est trop difficile pour la jeunesse.

제눈에 대들보는 보지 못하면서 어찌 형제의 눈에 티는 보느냐?

Pourquoi voyez-vous la paille dans l'oeil de votre frère, tandis que vous ne voyez pas la poutre qui est dans le votre?

제버릇 개 못준다.

Qui a bu boira.

좋은 사람의 것은 무엇이든 다 좋아 보인다.

Qui m'aime aime mon chien.

좋은 약은 입에 쓰다.

Ce qui est amer à la bouche est doux.

지레짐작을 하지 말라.

N'anticipons pas !

진실과 장미는 가시가 있다.

La vérité et les roses ont des épines.

집안싸움에는 참견하지 말라.

Il ne faut pas mettre le doigt. Entre l'arbre et

최악의 결점은 그것을 모르는 것이다.

Le pire des défauts est de les ignorer.

태산명동에 서일필.

C'est la montagne qui accouche d'une souris.

티끌 모아 태산.

Les petits ruisseaux font les grandes rivières.

패배에는 항상 굴욕감이 따른다.

Une défaite s'accompagne toujours de quelques humiliations.

피가 마르다.
Se faire un sang d'encre.

피는 못속인다.
Bon sang ne peut mentir.

피는 물보다 진하다.
Les liens du sang l'emportent toujours.

피도 눈물도 없다.
Etre cruel(le), inhumain(e) ête sas pitié(e)

피를 나누다.
Etre du même sang.

피를 부르다.
Entraîner des conséquences sanglantes.

하늘은 스스로 돕는 자를 돕는다.
Aide-toi et le ciel t'aidera.

호랑이도 제말하면 나타난다.
Quand on parle du loup, on voit la queue.

훌륭한 사람들은 마음이 통하는 법이다.
Les beaux esprits se rencontrent.

훔친 음식이 맛도 있다.
Pain dérobé réveille l'appétit.

흐르는 물은 썩지 않는다.
L'eau courante ne se corrompt jamais.

문화

연극

연극단체	troupe de théâtre
국립극장장	directeur du théâtre national (예) 옛 국립극장을 복원하다. restituer l'ancien théâtre national.
극단	compagnie, troupe
극작품, 희곡	pièce de théâtre
대단원	dénouement
주인공, 중심인물	protagoniste [정의]Personnage important pour l'intrigue.
대립자, 악역	antagoniste, personnages en conflit
대사	réplique
대화	dialogue
독백	monologue [정의]Paroles d'un personnage seul en scène, qui permettent de connaître ses pensées, ses sentiments.
드라마	feuilleton, série
등장인물	personnage
무대 기계장치	artifices de théâtre
방백	aparté [정의]Propos que tient un personnage à part des autres qui, par convention, sont censés ne pas l'entendre.

배경 décor

[정의]Faux paysage(intérieur, extérieur) implanté sur et au fond de la scène. Il indique l'appartenance sociale, le genre de la pièce, donne des indications sur le lieu et le temps.

사건의 급변(반전) coup de théâtre

[정의]Retournement de situation placé tout au long d'une pièce de théâtre,souvent au milieu d'une scène. Il accélère l'action.

스태프 équipe

시너지 효과 effets synergiques

독창성을 지니다 tenir son originalité

실험극 pièce de théâtre expérimental

인형극 théâtre de marionnettes

저작권 보호 protection de la propriété intellectuelle

지문(바탕글) didascalie

[정의]Indications hors dialogue donnée par l'auteur concernant les gestes, les déplacements de l'acteur, les destinataires d'un propos, les sentiments, les costumes

해설(도입부) exposition

[정의]Scène initiale expliquant la crise en cours, présentant les personnages, les lieux, le contexte, l'époque.

희곡작가 dramaturge

희극 comédie

[정의]Pièce dont l'issue est heureuse.

희비극	tragi-comédie [정의]Pièce dont la fin est mitigée.
감독	réalisateur, metteur en scène
개봉예정작	prochaine sortie
독점배급	exclusivité de la distribution
연극평론가	critique de théâtre
기술감독	directeur technique
대역	doublure
연극	premier art
연극극장	salle de théâtre
영화극장	salle de cinéma
연극작품	pièces de théâtre
막	rideau, acte
무대	scène, plateau, planche (예) 국제무대에서 위상이 높아지다. Se hausser au niveau mondial.
배역	rôle (예) 역할[배역]을 맡다. Tenir un rôle.
초연(일)	première(représentation)
총연습	répétition général
(극장의) 개막	lever de rideau
폐막	chute de rideau

영화

미국영화의 우위(우세)	prédominance des films américains
	(예)미국 영향력을 견제하다. Faire contrepoids à l'influence américaine.
실험 영화	expérimental
영화시장	marché cinématographique
제작하다(영화)	réaliser, produire
공동제작	coproduction
한불영화공동 제작협정	accord de coproduction franco-coréen
해적행위(불법복제)	acte de piraterie
미술감독	directeur(trice) artistique, responsable artistique
배급권	droits de distribution
배급사	société de distribution, distributeur
배우	acteur, actrice, comédien(dienne)
분장담당	maquilleur(se)
비극	tragédie, drame
사진감독	directeur de la photo
시나리오 작가	scénariste
영화관	salle de cinéma, cinéma
영화산업	industrie cinématographique
영화인	cinéaste
영화제작비	coût de production d'un film

예술영화	cinéma d'auteur, film d'art et d'essai
제작사	société de production, producteur
좌석	place
촬영각도	prise de vue(s)
촬영(영화, 텔레비전)	tournage
촬영카메라	caméra de prise de vue(s)
편집담당	monteur
필름	pellicule
고전음악	musique classique, classique
관객	spectateur(trice), public
멀티미디어매체	support multimédia
멀티미디어분야	domaine multimédia
각색	adaptation (예)소설을 각색하여 영화로 만들다. Adaptèr un roman à un film.
국제영화텔레비전회의	conseil international du cinéma et de la télévision(CICT) [정의]유네스코와 공식적인 제휴관계에 있는 비정부조직기구(NGO)로 국제영화평론가협회(FIPRESCI)와 프랑스 시네마테크(CF)등 산하에 47개 조직을 두고 있다. International Concil for film television qnd audiovisual communication(IFTC)
연출가	metteur en scène
에니메이션	animation

여러 장르 혼합	synthétiser de différents genres
픽션	fiction
필름보관소	cinémathèque
영상컨텐츠 배급	diffusion de contenus audiovisuels
영화 예고편	bande-annonce
영화 포스터	affiche
영화	septième art, cinéma (예)영화를 제작하다. Produire un film. (예)영화를 촬영하다(찍다). Tourner un film.
영화보급망	réseau de distribution
예술 애호가	amateur d'arts
예술사조	courants artistiques
예술작품	oeuvre
작가주의 영화	cinéma d'auteur
다큐멘터리 영화	documentaire
점점 더 관심을 가지다	porter un intérêt croissant
준비작업을 하다	poser les jalons
환원불가능한 고유함(특성)	spécificité irréductible
할리우드 영화제작사, 메이저 영화사	les majors hollywoodiennes, Hollywood
표현의 자유	liberté d'expression
캐스팅, 배우 섭외	casting
최근 개봉작	sorties récentes

최다 관객동원	meilleures entrées
장편영화	long métrage
입장	entrée
자막	sous-titrage
자막을 제작하다	sous-titrer
원판	film en version originale
실험주의 영화	film expérimental
스크린쿼터	quotas à l'écran, quota d'écran
각본, 시나리오	scénario
막대한 비용과 시간	investissement colossal en matière financière et temporelle
대중적 성공	succès public
대표적인 영화감독	réalisateurs emblématiques
더빙	doublage
단편영화	court métrage
디지털혁명	révolution numérique
영사기	projecteur
영화감독	réalisateur
영화기술	cinématographie
장르	genre
주요 영화인	cinéastes phares
결정적 역할	rôle décisif

문화

오스카

각본상	Oscar du meilleur scénario original, le Prix du scénario
각색상	Oscar du meilleur scénario adapté
감독상	Oscar du meilleur réalisateur
공로상	Oscar d'honneur
다큐멘터리 영화상	Oscar du meilleur film documentaire
단편 다큐멘터리상	Oscar du meilleur court-métrage documentaire
단편영화상	Oscar du meilleur court-métrage
단편영화상 – 실사영화	Oscar du meilleur court-métrage de fiction
단편영화상 – 애니메이션	Oscar du meilleur court-métrage d'animation
만화영화상	Oscar du meilleur film d'animation
미술상	Oscar de la meilleure direction artistique
분장상	Oscar du meilleur maquillage
시각효과상	Oscar des meilleurs effets visuels
아카데미 시상식	Oscar du cinéma
남우조연상	Oscar du meilleur acteur dans un second rôle
남우주연상	Oscar du meilleur acteur
여우조연상	Oscar de la meilleure actrice dans un second rôle
여우주연상	Oscar de la meilleure actrice
외국어영화상	Oscar du meilleur film en langue étrangère
음악상	Oscar de la meilleure musique de film

음향상	Oscar du meilleur son
음향편집상	Oscar du meilleur mixage de son
의상상	Oscar de la meilleure création de costumes
장편 다큐멘터리상	Oscar du meilleur film documentaire
주제가상	Oscar de la meilleure chanson originale
촬영상	Oscar de la meilleure photographie
최우수외국어영화상	Oscar du meilleur film en langue étrangère
편집상	Oscar du meilleur montage [정의]Forme de chant à quatre voix ou groupe composé de quatre musiciens
가극 각본작가	Librettiste [정의]Écrivain qui adapte le texte de l'histoire pour qu'il s'agence bien avec la musique

예술

전시회 exposition

전시회나 예술활동 합작, 공동제작 co-production

그림 tableau

극장여자안내원 ouvreuse

기념비 stèle commémorative

뎃상 dessin

회화, 그림 peinture

현대예술 art contemporain

도자기 céramique

청자 cheongja, porcelaine de couleur bleu clair

백자 baekja, porcelaine blanche plus sobre

미술전람회의 개최일 vernissage

박물관(미술관)관리 muséographie

기술,소장품 연구 muséographie

사진예술, 제 8의 예술 le huitième art

수묵화 peinture à encre

수집품 대조점검 récolement des collections

시청각예술분야 audiovisuel

원시미술 art premier

현대 미술품	oeuvre moderne (예)전세계의 근현대 미술품 전시하다. Exposer des oeuvres modernes venues du monde entier.
조각상	sculpture
조형예술	art plastique (예)그리스가 요구한 고미술품. Des antiquités revendiquées par la Grèce.
각종 예술행사	manifestations artistiques
공연예술	spectacle vivant
국립현대미술관	musée national d'art contemporain de Corée
패션쇼	défilé de mode

문화

미술

동상	statue
미술	beaux-arts
미술관, 박물관	musée
미술사	histoire des beaux-arts
미술전람회	exposition
미학	esthétique
상반신상	torse, buste
석고	plâtre
수채화	aquarelle
야수파	fauvisme
예술	arts
예술가	artiste
유화	peinture à huile
인상파	école impressionniste
인상파화가	(peintre) impressionniste
입체파	cubisme
정물	nature morte
조각가, 조각사	sculpteur, ciseleur
초상화	portrait
캔버스	toile

풍경(화) paysage

현대미술관 musée d'art moderne(conptemporain)

화가 peintre

화필 pinceau

근대미술 거장 grand artiste moderne

(예)그는 한국 근대 미술의 거장이다. C'est un grand artiste moderne coréen.

근대미술의 훌륭한 인물 figure éminente de l'art moderne

문화

오페라

관현악단(오케스트라) orchestre

관악기 instrument à vent

금관악기 instrument à cuivre, instrument à vent

[정의]Le cor, le trombone, la trompette, la tuba

목관악기 instrument en bois

[정의]Le clarinette, le hautbois(오보에), le basson, le saxophonne, la flûte

현악기 instrument à coudre

[정의]Le violon, le violoncelle(첼로), le contre basse"

기술팀 équipe technique

레시타티브 récitatif

[정의]Déclamation chantée dont le rythme se rapproche de la voix parlée, dans certains opéras et oratorios.

노래의 한 형태이거나 기악적인 멜로디로서, 음높이와 리듬이 노래보다는 말하기에 더 적합하게 되어있다. 이것은 일반적으로 독창자에 의해 노래되거나 혹은 낭송되어진다.

리허설 une pré-générale

무대 진행 보조자 Les assistants régisseurs

[정의]Cachés de chaque côté de la scène(dans les coulisses), donnent les entrées pour les solistes ou tout autre élément du spectacle

무대감독 régisseur, régisseur plateau, régisseur en chef

[정의]Qui donne le départ du spectacle, le lever du rideau, les changements d'éclairages et de décors

무대장치 decor

무대장치가 machiniste

무용수 danseur

보조출연자 figurant

소품담당자 accessoiriste

솔리스트(독창) soliste

아리아 aria

[정의]Un chant ou un air, qui exprime des émotions ou réflexions personnelles. C'est la forme la plus élaborée de l'opéra pour une seule voix"

악보 partition

[정의]Cahier sur lequel sont indiquées les notes que les musiciens doivent jouer avec leur instrument ou chanter dans le cas des chanteurs

앙상블(듀엣) ensemble

[정의]Différentes mélodies et souvent différents textes chantés par 2 ou plusieurs voix simultanément

연습 répétition

연습 피아니스트 pianiste-répétiteur

영사기사 projectionniste

오케스트라 단장, 지휘자 le chef d'orchestre

오페라 대본 libretto

[정의]Le texte de l'opéra

오페레트	opérette [정의]Opéra plus léger, développé au 19e siècle notamment par Offenbach en France et Johann Strauss(fils) à Vienne.
음향(영상)조정실	régie
음향기사	sonorisateur
의상	costume
이중창	duo [정의]Pièce de musique chantée par deux interprètes"
조명	éclairage
조명기사	éclairagiste
코메디 오페라	opéra comique, opéra bouffe
삼중창, 트리오	trio [정의]Pièce de musique chantée par trois interprètes"
합창	choeur [정의]Il est formé de plus ou moins de choristes(en général entre 20 et 60).
합창단원	choriste
행정담당	personnel d'administration
협주곡	concerto
4중창	quatuor
교향악단	orchestre
교향곡	synphonie

문화

음악

가야금	gayageum, cithare à douze cordes
거문고	geomungo, cithare à six cordes
꽹과리	kkwaenggwari, le gong
단소	danso, la flûte
대금	daegeum, la flûte traversière
박	bak, le clapet
북	buk, le tambour de baril
생황	saenghwang, l'orgue à bouche
아쟁	ajaeng, cithare cintrée à sept cordes
장구	janggu, le tambour en forme de sablier
전통음악	musique traditionnelle
타악기	instrument à percussion
태평소	taepyeongso, l'instrument à vent en bois
파일 형태로 앨범 제작	produire un album sous forme de fichie
편경	pyeongyeong, les carillons en pierre
편종	pyeonjong, les carillons de cloche
피리	piri, le hautbois cylindrique
해금	haegeum, violon à deux cordes
조곡	suite
째즈	jazz

청중	auditoire, public
실내악	musique de chambre
연주회, 음악회	concert, récital(독주(창)회)
음악	musique
음악제	festival

문화

화장품 · 코스메틱

기초화장	maquillage de base
옷	veste
와이셔츠	chemise
원피스	robe
최우수 남성향수	meilleur parfum masculin
최우수 남성향수 디자인상	meilleur flacon masculin
최우수 여성향수	feilleur parfum féminin
커다란 꽃다발	grand bouquet floral
컬러링(염색)	coloration
커트	coupe
헤어담당	coiffeur(se), esthéticien(ne), styliste
커트 테크닉	technique de coupe
커트 도구	outill de coupe
커트 기법	technique de coupe

건설

국토(토지)개발

국토개발	aménagement du territoire national
지역개발	améngement régional
신도시	ville nouvelle
신도시 조성(개발)	aménagement de la ville nouvelle (예)분당 신도시를 조성하다. Aménager la ville nouvelle de Bundang.
베드 타운	ville-dortoir [정의] 대도시의 주변에 주거기능 위주로 형성된 도시.
성도(예루살렘, 로마, 메카, 바라나시 등)	villes saintes [정의] 예루살렘, 로마, 메카, 바라나시 등
온천지	ville d'eau(x), station thermale
연합도시, 연담도시	villes réunies, conurbation [정의] 모도시와 위성도시 또는 여러 개의 대도시가 기능별로 구성되는 도시 지역
위성도시	ville satellite [정의] 대도시 주변에 발달하여 대도시와 밀접한 관계를 맺고, 그 기능의 일부를 분담하고 있는 중소 도시
팽창도시	ville en pleine expansion, ville champignon
산업도시(공업도시)	ville industrielle [정의] 주로 공업 · 광업 · 임업 · 수산업 등을 주산업으로 하는 도시를 가리키나, 때로는 산업 · 교통이 주요 기능인 교역도시(交易都市)를 포함
행정도시	ville administrative
대학도시	ville universitaire

주거도시	ville résidentielle
자매도시	villes jumelées
거점도시	ville stratégique
생태도시	ville verte, cité jardins
광역도시	ville métropolitaine
광산도시	ville minière
요새도시(방어 도시)	ville fortifiée
무방비 도시(비무장 도시)	ville ouverte
미래 도시	ville du futur, ville futuriste, cité futuriste, cité du futur
중저밀도의 쾌적한 도시	ville peu peuplée agréable à vivre
시민과 함께 공존하는 도시	ville citoyenne
도심	cœur de ville
타당성	pertinence
객관적 타당성	validité objective
영향 평가	étude d'impact
환경 영향 평가가	étude d'impact sur l'environnement
타당성조사	étude de faisabilité
토지조사	enquête foncière
투자법	code d'investissement
토지법	loi agraire

토지 소유권	droit de propriété foncière
사전 조사, 연구	analyse préliminaire, étude préliminaire
경사면, 비탈길	rampe
토지개혁	réforme agraire
토지대장	registre du cadastre
토지 구획대장	cadastre parcellaire
평가, 추정, 감정	estimation
감정평가사	expert chargé de l'estimation
지가, 토지가격	prix de terrain, prix du foncier
석회질의 토양	terrain calcaire
점토질의 토양	terrain argileux
개발 대상 토지	territoires visés
비옥한 토지	terrain fertile
나대지, 빈터의 토지	terrain nu
나무가 심어진 땅	terrain boisé
기복이 심한 땅	terrain accidenté
평지	terrain plat
불모의 땅	terrain stérile
경작지	terrain cultivé
녹지	espace verte
공지	terrain vague, terrain vide

농지	terre cultivée, terrain cultivé, champ, plantation
유수지	réservoir, retenue d'eau, plan d'eau
전답	rizières et champs, ferme, terres cultivées
임야	bois et lande
시범단지(지구)	site pilote
(사업권)양도	concession, cession
토지양도	concession du terrain
산업단지	complexe industriel, zone indushiells
구미산업단지	complexe industriel de Gumi
디지털산업단지	complexe industriel numérique
서울디지털산업단지	complexe industriel numérique de Séoul
연구단지	Complexe de recherche
대덕연구단지	Complexe de recherche de Daeduk (Daeduk Valley)
지질	nature de la salissure, nature géologique
지질공학(기술)	géotechnique
지질분석	analyse géologique
지형	topographie
지형도	carte topographique
지형측량	levé topographique
토지	terrain, domaine, terre, sol, territoire
토지이용	occupation du sol

토지이용계획	Plan d'Occupation des Sols (POS)
지구단위계획	Plan d'Aménagement de la Zone (PAZ)
용도	destination, usage, emploi
토지의 용도 변경	changer la destination(l'utilisation, usage) du terrain
범례	légende
건축 용지	terrain à bâtir
도로 용지	terrain réservé aux routes
상업 용지	foncier à usage commerciale
주거 용지	foncier à usage résidentiel
공업 용지	foncier à usage industriel
난개발	construction sporadique, développement anarchique
개발 제한구역	zone d'exploitation controlée, zone de protection, réserves
그린벨트	ceinture verte, zone verte
그린벨트 해제	lever la ceinture verte
그린벨트로 묶이다	région désignée zone verte
지구	quartier
구역	secteur, zone (예) 도시를 열 구역으로 나누다. Diviser la ville en dix.
개발된 공공구역	espace public aménagé
보전 구역(보호 지구)	réserve, secteur sauvegardé, zone protégée, site protégé

야생동물 보호구역	une réserve zoologique, zone de protection des animaux sauvages
환경 보호 구역	zone d'environnement protégé
미국의 인디언 보호 구역	réserve d'Indiens aux États-Unis
삼림구역	secteur de forêt
판매 구역	secteur de vente
토지 분할	parcellement
필지(구획)	lot
부지면적	dimension du terrain
토지공사, 택지조성	travaux de viabilisation [정의]대지의 전기, 상하수도, 도로 따위의 정지 작업
수준(고저)측량, 땅고르기	nivellement

건설

부동산

(토지, 부동산)부동산 가격의 상승 une hausse des prix de l'immobilier

주택난 crise (problème) du logement

부동산 bien immobilier, propriété foncière, propriété immobilière

공인중개사 agent immobiler

공인중개사무소 agence immobilière

공시지가 prix de vente publique de la terre

부동산 과열(투기) spéculations immobilières

부동산세 impôt immobilier

부동산 투자 외국인 전면 허용 ouverture du marché immobilier aux étrangers

부동산 시장 marché de l'immobilier

부동산 시장의 붕괴 effondrement des marchés immobiliers

부동산 거품 bulle immobilière

부동산 거품 붕괴 éclatement de la bulle immobilière

부동산 거래 transaction immobilière

전대 prêt de seconde main sous-louer

전대금지 Interdiction de prêt de seconde main (sous-louer)

장기적 전망 perspective à long terme

접근성 근접성 accessibilité

인프라의 정비	aménagement des infrastructures
주거	domicile, résidence, demeure, logement
임차권(거주권)	droit de résidence
거주자	résident(e) (예)프랑스에 있는 한국인 거주자. Les résidents coréens en France.
거주민	habitants, résidents
주거환경	environnement résidentiel
주거공간	espace résidentiel
주거지	zone résidentielle
주거단지	ensemble
주택	maison, logement
주택가	quartier résidentiel
개인주택	maison particulière, hôtel particulier
집세, 월세	loyer
집주인	propriétaire
셋방	chambre louée, chambre à louer
건물, 건축물, 빌딩	bâtiment, immeuble, édifice, building, construction
아파트	appartement
가구달린 아파트 가구 완비 아파트	appartement meublé
별장 빌라	villa maison de compagne

건설

입찰

계약사	contractant
공동 계약사	(partemaire)cocontractant
입찰가	montant d'adjudication, prix d'adjudication
최고점	note maximale
최하점	note minimale
입찰서 양식	modèle de soumission
입찰 참가서 양식	modèle de déclaration à souscrire
경쟁 입찰 공지	avis d’appel d’offres
입찰 지침서 입찰 안내서	instructions aux soumissionnaires
계약의 목적	objet du marché
입찰자 자격	bureaux conseils admis à soumissionner
입찰서 준비 경비	coût de préparation de l’offre
경쟁 입찰 서류	dossier d’appel d’offres
경쟁 입찰 서류 내용	contenu du dossier d’appel d’offres (예)경쟁 입찰 서류에 대한 명확한 설명. Éclaircissements apportés au dossier d’appel d’offres.
경쟁 입찰 서류의 수정	modification du dossier d’appel d’offres
현장방문	visite du site
입찰 제안서 준비	préparation des offres
입찰 제안서 사용 언어	langue de l’offre

입찰 제안서 구성 문서 documents constitutifs de l'offre

제안서 가격 prix de l'offre

제안서 화폐 monnaie de l'offre

입찰자의 승인과 자격을 증명하는 서류

documents attestant l'admissibilité et la qualification du soumissionnaire

입찰 보증금 caution de soumission

제안서 유효 기한 délai de validité des offres

제안서 양식 및 서명 forme et signature de l'offre

입찰서 제출 dépôt des offres

입찰 제안서 봉인 및 표기 cachetage et marquage des offres

입찰 제안서 제출 마감 일시 date et heure limite de dépôt des offres

마감 기한이 지난 입찰서 offres hors délai

입찰 제안서 수정 및 회수 modification et retrait des offres

개찰 ouverture des plis

입찰 제안서 봉투 개봉 및 평가 ouverture des plis et évaluation des offres

입찰서 제안서 평가 및 비교 évaluation et comparaison des offres

계약 우선 협상자 attribution provisoire du marché

계약 낙찰사 attribution du marché

계약사 권리 droit du contractant

(예)계약 낙찰 시 수량 변경에 관한 계약사 권리.
Droit du contractant de modifier les quantités lors de l'attribution du marché.

계약 낙찰 공고	avis d'attribution du marché
계약 서명	signature du marché
행정 및 재정 조항서	cahier des clauses administratives et financières
일반 조항	dispositions générales, textes généraux
계약 체결 방법	mode de passation du marché
계약 서류들	documents contractuels du marché
용역의 범위	aire des prestations
용역의 소개	objectifs des prestations
기술 조항서	clauses techniques
용역의 정의	consistance des prestations
계약사에 제출하는 서류	documents à remettre au service contractant
보고서의 내용	contenu des rapports
지식 및 노하우 이전	transfer de savoir et savoir faire
용역 평가 방식	mode d'évaluation des prestations
행정 조항서	clauses administratives
용역 실행 형태	mode d'exécution des prestations
실행 기간	délai d'Exécution
임시 인수(접수)	réception provisoire
보증 기한	délai de garantie
최종 인수	réception définitive
하청(하도급)	sous-traitance

성과품의 소유권	propriété des résultats
용역사의 의무사항	obligation du prestataire
계약사의 의무 사항	obligation du contractant
불가항력	force majeure
해약	résiliation annulation
분쟁	litiges conflit
재정 조항서	clauses financières
계약 금액	montant du marché
가격 정정	révision des prix
가격 실현	actualisation des prix
지불 방법	modalités de règlement
선수금	avance forfaitaire
선수금 환급 보증금	caution de restitution de l'avance
선수금 환급 방법	modalité de restitution de l'avance
용역 이행 보증금 및 지급 보증금	caution de bonne exécution et de garantie
지체 상금	pénalités de retard
연체 이자	intérêts moratoires
어음 지급 은행	domiciliation bancaire
담보 설정	nantissement
조세 및 세금	taxes et impôts
등록 및 인지	enregistrement et tmbre

계약의 효력 발생	entrée en vigueur
기술 제안서에 대한 양식	formulaires types pour les propositions techniques
재정 제안서에 대한 양식	formulaires types pour les propositions financières
단가	coût unitaire, prix unitaire
단가표 및 세부 산정표 양식	formulaire de bordereau des prix et détail estimatif
가격 세부 항목	sous détail des prix
기술 보고서	mémoire technique
부록	annexe
입찰사에 의해 실행된 방법	moyens mis en œuvre par l'entreprise
숫자 표기 금액	montant en chiffre
문자 표기 금액	montant en lettre
총액, 전체금액	montant total

건설

건설사업

건설업계	secteur(milieu domaine) du bâtiment(construction)
하도급	sous-traitance
하도급 공사	travaux de sous-traitance
용역업체	société de services
사업의 규모 결정	dimensionnement d'un projet
국제표준	norme internationale
사회 간접 자본	fonds sociaux indirects
사회 간접 자본 확충	accroitre les fonds sociaux indirects
사회 간접 자본 투자	investir dans les fonds sociaux indirects
착공	débuter le chantier,commencement de la construction (des travaux), début de la construction (des travaux)
현장 사무실, 캠프(합숙소)	base vie
플랜트	biens d'équipement manufacturation, matériel
인프라	infrastructure (예)인프라의 이용을 최적화하다. Optimiser l'utilisation des infrastructures.
신규 인프라의 수익성	rentabilité d'infrastructures nouvelles
인프라 사업	projet d'infrastructure
인프라 구축	établir une infrastructure
기반시설망	réseau de viabilisation
토목 공사	travaux de construction

관리	suivi
감독	contrôle
조정	coordination
설계	étude, plan, conception, design, dessin, schéma
설계사무소	bureau d'étude
설계도면	plan, dessin, tracé
조감도	plan de masse, perspective à vol d'oiseau, vue à vol d'oiseau, perspective vue d'avion
평면도	projection horizontale, plan
단면도	section
입면도	plan sur pied
시공	construction
부지조성공사	travaux de terrassement, travaux de viabilisation
건축물 공사	ouvrage de bâtiment
부실공사	vice de construction, travaux exécutés avec négligence
시공 감리	contrôle des travaux
구조물	structure
안전 검사	vérification de sécurité
공익 사업	projet d'utilité public, projet d'intérêt public, projet de services publics
기본원칙	principe, règle fondamentale

보수	réparation
복구	restauration
공공 요금	tarif public
길(도로) 포장, 내외장	revêtement
아스팔트 포장	revêtement asphaltique
내(외)장(재)	revêtement intérieur (extérieur)
공동구	gallerie (technique)

건설

공익사업

기반시설망	Voiries et Réseaux Divers (VRD)
배수공사	travaux d'assainissement
배수	drainage, évacuation des eaux
배수관	conduite d'évacuation, tuyau(x) de distribution d'eau
배수구	canal(aux) de décharge
배수망	réseau d'assainissement
배수장치	canalisation
수도 공사	travaux d'adduction d'eau
상하수도	canalisation des eaux potables et des eaux usées
상수	eau potable, eau de ville
상수도	canalisation des eaux potables, service des eaux
상수도 시설	équipement des eaux potables
하수	eau usées
하수도	égout, tuyau(x) d'égout
하수관	tuyau(x) d'égout
하수공사	travaux d'assainissement
하수배출	écoulement des eaux usées, évacuer les eaux usées, assainissement des eaux
하수처리장	station d'épuration (des eaux usées) (step)

폐기물처리시설	station de traitement des déchets, station d'épuration, déchetterie
폐수	eau usée, eau d'égout
폐수 방류	déversement des eaux usées
폐수처리	traitement des eaux usées(d'assainissement)
폐수처리시설	équipement de traitement des eaux usées(d'assainissement)
하천	rivière, cours d'eau
전기 가스	électricité et gaz
전기	fil électrique
가스관	tyau à gaz, conduites de gaz
가스공급관	gazoduc
교통	transport
교통 수단	mode de transport, moyen de transport
수상 교통	transport fluvial
교통 인프라	infrastructures de transport
도로	voirie, chaussée
국가도로망	réseau routier national
도로 서비스	services routiers
도로 공사	travaux de voirie
도로 표면 파내기	décapage
연결도로(인터체인지)	bretelle de raccordement

순환도로	périphérique
간선	ligne principale grande ligne
간선 도로	grande voie de communication, voirie primaire
국가도로안전위원회	Conseil National de la Sécurité Routière (CNSR)
규정 속도	vitesse autorisée
제한속도 위반	dépasser la vitesse limite autorisée
(도로)표지판	signalisation routière
가변차선	voie modifiable
도로 교통	transport routier
도로 안전	sécurité routière
신호 표지 체계	signalisation
신호를 설치하다	signaliser
철도	chemin de fer, voie ferée, rail
철도망	réseau ferré, réseau ferroviaire (예)철도망 확장에 자본을 출자(조달)하다. Financer l'expansion du réseau ferré.
간선 철도	grande ligne ferroviaire
지하매설물	pose souterraine
철도의 부설	pose de la voie ferrée
철도 건설	construction des chemins de fer
철도 운용	opération des chemins de fer
철도 유지보수	maintenance des chemins de fer

철도 개선	amélioration des chemins de fer
철도 인프라	infrastructures ferroviaires (예)철도망을 …에서 …로 늘리다. Porter le réseau ferré de~ à~
항구, 항만	port d'embarquement
항만 건설	construction des ports
항만 건설 공사	travaux de contruction portuaire
시행사	maître d'ouvrage
시공사	maitre d'œuvre
시행 자문사	assitance à la maîtrise d'ouvrage, bureau consultant
시행 대행	maître d'ouvrage déléguê
설계사	bureau d'êtude

건설

건축

가구류 집기	mobilier
가스난로	radiateur à gaz
객실 거실	salon
건축	architecture
건축가	architecte
아파트	appartement
욕실	salle de bain
고층빌딩	gratte-ciel
내구성	résistance (예)뛰어난 내구성을 갖추다. Atteindre (avoir) une résistance impressionnante.
교통무인카메라	radar
문제제기하다	remettre en question
미래에	en perspective, à l'avenir
방화공간	espace coupe-feu
스쿨존	zone scolaire
실용성	utilité
유연성	flexibilité
일시적 중단	coup d'arrêt
재료	matériaux

좁은부지	limite du territoire limité
지름	diamètre
층을 올리다	superposer les étages
콘크리트	béton
구간, 블록	tronçon
트럭	camion
승인	approbation
인가	licence
허가	authorisation
배수탑	château d'eau
공장연기	fumée de l'usine
공해	pollution de l'atmosphère et des eaux
소음공해	nuisances sonores, pollution sonore, nuisances du bruit (예)소음공해를 제한하다. Limiter les nuisances.
관리인	concierge
냉장고	réfrigérateur
도시화	urbanisation
방	pièce, chambre(à coucher)
복도	couloir, corridor
부엌	cuisine
사무실, 서재	cabinet de travail

석유난로	poêle à pétrole
세탁기	machine à laver
수질오염	pollution des eaux
스모그	brouillard de fumée
식당	salle à manger
약품공해	méfaits de produits pharmaceutiques
전기난로	radiateur électrique
중앙난방장치	chauffage central
탁아소	garderie
현관	vestibule
화장실	cabinet de toilette, toilettes
기술사	ingénieur
교량	pont
(벽에 둘러댄) 판자, 벽널	boiseries
공구(도구)	outil, accessoire
기계장치	mécanisme

건설

도시계획

기업이 보유한	possesssion, rétention
기타	divers
기타 가구	amenagement divers
깎여나가다	tailler
통풍구	tremie
납세공, 납공장	plomberie
납작한 도기	platerie
농업용수	eau(x) à usage agricole
대도시의 교외지역	fauchage
대형사업장	établissement commercial
데코레이션	décoration
도시, 도시권	agglomération
도시계획	urbanisme
도시교통	transports urbains
도심, 도시의 중심	cœur de ville
레저센터	base de loisir
발전소	centrale, centrale électrique, usine d'électricité
초안	avant-projet, projet, plan, ébauche
기본구상	conception, projet, plan, ébauche
지구지정	désignation du site

마스터 플랜	master plan, schéma directeur, plan directeur
개발 및 도시계획 마스터 플랜	Plan Directeur d'Aménagement et d'Urbanisme(PDAU)
개발계획	plan d'aménagement
도시계획 우선지구	zone à urbaniser en priorité(ZUP)
도시계획 우선지구 거주민	zupéen(ne)
기본계획	avant projet sommaire (APS)
기본설계	avant projet détaillée (APD)
실시설계	(plan) d'execution (EXE)
도시계획 시설 결정	arrêt des équipements d'urbanisme
조감도, 건물배치도	plan de masse, perspective à vol d'oiseau
물류 라인	chaînes logistiques
배치, 설치	implantation
분뇨	vidange
분뇨 수거차	camion-vidange
분리수거	tri sélectif, séparation
비품	agencement
사업체	entreprise, établissement, commerce, maison, firme
산술법, 계산법	arithmétique
성장잠재력	potentiel de croissance
송수펌프실	pompe d'alimentation en eau

송장작성	facturation
수거(수집)	collecte, ramassage, récupration [정의]Ramassage: tri et,ou regroupement des déchets en vue de leur transport la collecte est effectuée en porte à porte 1 fois par semaine
수용 인원	capacités d'accueil
실물자산	actif réel, avoirs matériels
아치형	pont à arches
양면기술	technique reversible
에어컨	climatiseur
에어컨디션(냉,난방)	climatisation
설계도면 연구계획	plan d'étude
예금, 차고	dépôt
예상 배열 견적	devis estimatif d'aménagement
견적	devis
옵션	options
운임, 운송료	frêt
울타리, 담장	clôture
인테리어 소목일	menuiserie interieures
작은 만	baie
잠수교	pont bas
잠정결과	conséquence provisoire

제공, 공급	prestation
축조	construction, érection
콘센트	prises
타일	carrelage
탑문, 철탑	pylone
파이프라인	transfert conduit
페인트	peinture
포석깔기, 타일 붙이기	carrelage [정의] 빗물과 진흙에 견딜 수 있는 단단한 바닥면을 만들기 위해 도로포장으로 쓰이는 돌이다. 로마시대는 포석으로 포장된 도로망이 완비되었으며, 중세도시 발달과 함께 안정된 차마교통을 유지했다. 도시공간의 장식적 요소가 되기도 했다.
폭격하다	pilonner
합리성	rationalité
항공사진	photographie aérienne
호텔시설	installations de l'hôtel
환기구	prise d'air, bouche d'aération
환기통	ventilateur
환기팬	ventilateur(−aérateur)
흙벽	mur en prisé, mur de terre
흙벽돌	brique en prisé, brique de terre
BRT	Bus Rapide Transit (BRT)

국제정치

국제관계

(정권) 공사	ministre(plénipotentiaire)
(특명전권)대사	ambassadeur(extraordinaire et plénipotentiaire)
강대국	superpuissance
개발도상국	pays en voie de développement, pays sous-développé
격화, 확산	escalade
경쟁국	pays rival(concurrent)
경제협력	coopération économique
경찰의 진압	répression policière (예)경찰의 진압이 11명의 인명피해를 발생시켰다. La répression policière a fait onze morts.
고위급 회담	discussion à haut niveau
공동 선언문	déclaration conjoint, document conjoint (예)공동 선언문 체택을 환영하다. Saluer l'adoption du document conjoint.
공식방문하다	se rendre officiellement (예)논쟁을 일으키는 방문. Visite controversée.
공식석상	à titre officiel, en public, publiquement
공식적으로 인정	reconnaître officiellement
과도한 반응	réactions outrées
관심을 가지다	se tourner vers, s'interesser
국제관계, 대외관계	relations extérieures(étrangères, internationales)
국제관행, 국제관습법	coutume internationale

국제적 안정과 평화의 확립	consécration de la sécurité et de la paix internationales
극단주의와 폭력 척결	bannissement de l'extrémisme et de la violence
위험 회피 정책	politique de l'autruche (예)위험을 감수하다. Prendre le risque.
대리대사(공사)	chargé d'affaires
대사관 참사관	conseiller(ère) (예) 주중국프랑스대사관 참사관. Conseiller à l'Ambassade de France à Pékin.
대외정책	politique étrangère(extérieure)
대중운동연합	Union pour un mouvement populaire(UMP)
대표단	délégation
만자형 십자가	svastika, swastika
무력 통일	réunification par la force
무력간섭	intervention armée
대외원조	aide à l'étranger
무상원조	aide bénévole
식량지원,식량원조	aide alimentaire
유상원조	aide contre un paiement
경제 원조	aide économique
핵동결에 따른 경제원조	aide économique en échange du gel du programme nucléaire

식량원조 인도적 지원 쌀과 비료 지원 une aide énergétique aide humanitaire livraisons de riz et d'engrais

민주주의의 초석 pierre angulaire de la démocratie

반기를 달다 mettre les drapeaux en berne

보다 강경한 대책 mesures plus fermes

부강하다 être riche et puissant(e)

(예) 부강한 국가. Pays riche et puissant.

선결조건 condition préalable

세계화 과정에 있는 세계 planète en voie de mondialisation

수교조약 traité sur l'établissement des relations diplomatiques

시작, 발단 prémices

아그레망 agrément

아프리카 연합의장 president de l'union africaine

안전 보장(체제 보장) garantie de sécurité

야유하다 conspuer

억제책 mesures dissuasives

에너지 수급 approvisionnement en énergie

에너지 정책(계획) plan énergétique

연미복 queue-de-pie noir

외교 diplomatie

(예) 광범위한 외교를 펼치다. Lancer une vaste opération diplomatique.

공개외교	diplomatie ouverte
민간외교	diplomatie officieuse
비밀외교	diplomatie secrète
수교	établissement des relations diplomatiques
수교국	partenaire diplomatique
수교기념일	anniversaire diplomatique (예)올해는 한국과 프랑스간 수교 120주년을 맞는 해입니다. Cette année est la 120ème annniversaire diplomatique entre la France et la Coree.
외교공세	offensive diplomatique
외교관	diplomate
외교관계	relations diplomatiques
외교교섭	négociations diplomatiques
외교단	mission(représentation) diplomatique
외교문서	note diplomatique, dossier diplomatique
외교문제	affaire(poblème) diplomatique
외교백서	livre blanc sur la politique étrangère
외교사절(단)	corps diplomatique, délégation diplomatique, mission diplomatique (예) 사절단을 보내다. Envoyer une délégation.
외교사절단장	doyen du corps diplomatique
외교수단	moyens diplomatiques

외교술	talent diplomatique, diplomatie
외교정책	politique étragère(extérieure)
외교전문가	expert(spécialiste) de la politique étrangère
외교특권	immunité diplomatique
외무부	ministère des Affaires Etrangères
외무부장관	ministre des Affaires Etrangères
우호조약	traité d'amitié
위조, 복제	contrefaçon
위조품 단속	répression de la contrefaçon
위조품 추방 캠페인	campagne anticontrefaçon (예) 위조품을 추방하다. Lutter contre la contrefaçon.
유명한 회의	illustre assemblée
유엔 반고문 국제협약	Convention contre la Torture des Nations Unies
유엔안보리결의안	résolution du Conseil de sécurité (예) 결의안을 채택하다. Adopter une résolution.
결의안을 위반하다	enfreindre la résolution
의전	protocole. cérémonie
이념적 측면	sur le plan idéologique
인종적 분노를 촉발	incitation à la haine raciale
재외공관	ambassade à l'étranger
재외교포	compatriote résidant(e) à l'étranger

재외국민	Coréen(ne) résidant(e) à l'ètranger
재일교포	Coréen(ne) résidant(e) au Japon
재일교포 3세	troisième génération de Coréens résidant au Japon
전가(책임 따위), 혐의, 비난	imputation
전략적 동반자 선언	Déclaration de Partenariat Stratégique
포괄적 동반자 관계	partenariat global (예) 21세기를 위한 포괄적 동반자관계. Partenariat global pour le 21ème siècle.
접견	réception
정상외교	diplomatie au sommet
조롱	dérision
조약	traité
집회, 총회	Congrès
국제적인 지지	plaidoyer international
테러단	organisation terroriste
테러범	terroriste
통상조약	traité de commerce
패권	suprématie, maîtrise. autorité. hégémonie (예) 패권을 노리다. Convoiter la suprématie .
평화공세	offensive(diplomatique) pour la paix
평화조약	traité de paix
평화통일	réunification pacifique

폭력의 선동자	instigateurs réels de la violence
합의하다	se mettre d'accord, s'entendre (예) 일시적인 합의점을 찾다. Trouver un accord provisoire. (예) 합의점을 찾다. Trouver un point d'entente. (예) 합의사항을 존중하다. Tenir leurs engagements, respecter les termes de l'accord. (예) 합의에 도달하다. Parvenir à un accord.
협약	convention
확보	assurer, détenir
회의 참가자	congressistes
선진국	pays développés
세계인	habitants du globe
세계화	mondialisation
시민단체	Organisation Non Gouvernementale(ONG), association(organisation, groupe) civique
인류의 계획	entreprises humaines
정치적 측면	sur le plan politique
최근 통계자료	statistiques récentes
한국전쟁	guerre de Corée
헌신하다	se consacrer
G20-정상회의	Sommet du G20
G8-정상회의	Sommet du G8

남북관계

1994년 제네바 합의, 1994년 제네바
l'accord de Genève de 1994, l'accord-cadre de 1994, l'accord-cadre de 1994 sur le gel du réacteur de Yongbyon

2 · 13합의/2 · 13베이징6자회담합의
accord multipartie sur la dénucléarisation nord-coréenne, accord du 13 février

2 · 13합의초기60일 조치
plan d'action de 60 jours(préalable à l'abandon des armes et du programme nucléaire)

2000년 남북정상회담	sommet inter-coréen de 2000
2005년 9.19 공동성명	déclaration commune(conjointe) Sud-Nord du 19 septembre 2005
38선	38ème parallèle
6.15남북공동선언문	déclaration commune sud-nord du 15 juin
6자 회담	les pourparlers à six, les négociations à six
7.4남북공동성명	la communiqué commune sud-nord du 4 juillet
강제 노동 수용소	camps de travaux forcés
개방개혁정책	politique d'ouverture et de réforme
개성공단	zone(complexe) industriel de Gaeseong zone
결실	résultats fructueux
경수로	réacteurs à eau légère

경수로 건설	construction de réacteur à eau légère
경제적 지원 에너지	aide économique en échange du gel du programme nucléaire accorder
경제제재	sanction économique (예)경제제재를 철폐하다. Lever des sanctions économiques.
경제지원	soutien économique
고농축우라늄(HEU)	uranium hautement enrichi
골육상쟁	guerre fractricide
공단건설	construire un complexe industriel
공동선언문	déclaration conjointe
공동합의문	texte conjoint
공산주의 체제	le régime communiste
관계개선	amélioration des relations
관계정상화	normalisation des relations
구소련의 붕괴	démentèlement du bloc soviétique
구호단체	association caritative
국방위원장	Président du Comité de la Défense Nationale
국제사회	communauté internationale (예)국제사회에서 재신임을 얻다. Regagner la confiance de la communauté internationale.
군사용 우라늄 비축 프로그램	programme d'enrichissement de l'uranium à des fins militaires

금강산 유람선	croisière du mont Kumgang
금융제재(압박)	asphyxier financièrement, étranglement financière (예)제재를 철회하다. lever les sanctions.
금창리 지하핵시설 사찰	inspection du nuclidie de Kumchangri
기근	famine
기습,침입	incursion
긴장고조	regain de tension
김일성 찬양 문구	slogans à la gloire de Kim Il Sung
남북관계	relation inter-coréenne
남북대화	dialogue intercoréen
남북대화 재개	reprise du dialogue intercoréen (예)대화를 재개하다. Reprendre le dialogue.
남북연결철도건설	construction de la ligne ferroviaire reliant les deux Corée
남북장관급회담	réunion ministérielle inter-coréenne
남북정상회담	sommet intercoréen (예)역사적인 도시에 정상회담이 개최되었다. Ce sommet a lieu dans une ville historique.
남북회담	pourparlers intercoréens
냉전	guerre froide
냉전구조해체	détruire la structure de guerre froide
다원 민주주의	démocratie pluraliste
다자협상	négociations multipartites

협의	concertation
대결	confrontation
대북강경책	politique agressive vis-à-vis de la Corée du Nord
대북경제제재	imposer des sanctions économiques(embargo)
대북경제제재해지	lever~ les sametinréconomiques
대북금융제재	sanction financière contre la Corée du nord
대북정책	politique vis-à-vis de la Corée du Nord
대북정책의 투명성	transparence de la politique envers la Corée du Nord
대북정책조정관	coordinateur de la politique nord-coréenne
대포동2호 발사	lancement de Daepodong 2
대화를 통한 해결	privilégier la voie du dialogue
도발적표현 사용	utiliser un langage provocateur (예)도발행위로 간주되다. Considérer comme un acte de provocation. (예)도발행위에 해당하다. Constituer une provocation
동북아 경제권	bloc économique des pays de l'Asie du Nord-Est
동북아 안보협력 시스템	processus pour la sécurité et la paix en Asie du Nord-Est (예)동북아 지역의 평화와 번영을 촉진하다. Promouvoir un avenir de paix et de prospérité en Asie du Nord-Est.
동북아 지정학적 여건	situation géopolitique de l'Asie du Nord-Est
동아시아평화	paix en Asie de l'Est
동족상잔 비극	guerre fractricide (예)동족상잔의 비극을 겪다. Subir la tragédie d'une guerre fratricide.

마카오방코델타 아시아 은행 Banco Delta Asia de Macao

만성적 영양결핍 malnutrition chronique

무역제재 sanction économique

미국 영토에 도달가능 capable d'atteindre le territoire américain

미국무부차관보 sous-secrétaire d'Etat américain

미국의 적성국 리스트 liste des pays ennemis des Etats-Unis

미사일 발사 les tirs de missiles

(예)발사를 규탄하다. Condamner les tirs.

(예)발사를 하다. Effectuer des tirs, tirer un missile.

민간용 핵 nucléaire à l'usage civil

발효(시행)된 mis en vigueur

벼랑끝 전술 stratégie du bord de l'abîme. acrobatie politique. politique du bord de l'abîme

북미 양자간 대화 dialogue bilatéral entre la Corée du Nord et les Etats-Unis

북미관계 relation entre la Corée du Nord et les Etats-Unis

북미관계 정상화 normalisation des relations entre les États-Unis et la Corée du Nord

북미관계정상화실무그룹회의 négociation en vue d'établir des relations diplomatiques entre les États-Unis et la Corée du Nord

북미수교 établissement de relations diplomatiques entre la Corée du Nord et les Etats-Unis

북한	République Populaire Démocratique de Corée(RPDC)
북한간첩에 의한 일본인 납치사건	dossier des Japonais kidnappés par des espions de Pyongyang
북한귀순자	exilé nord coréen
북한붕괴	effondrement de la Corée du Nord
북한에 제재를 가하다	imposer les sanctions contre la Corée du Nord (예)북한에 대한 경제적 제재를 선언하다. Annoncer des sanctions économi-ques à l'égard de Pyongyang.
북한외무성부상	vice-ministre des affaires étrangères nord-coréen
북한을 고립시키다	isoler le régime de Pyongyang
북한의 6자회담 복귀	retour de la Corée du Nord aux pourparlers à six
북한의 대외개방	ouverture de la Corée du Nord au monde extérieur
북한자금동결	gel de comptes nord-coréens
북한정권	régime de Pyongyang (예)북한정권을 전복시키다. Renverser le régime nord-coréen.
북한체제붕괴	effondrement du régime communiste de Pyongyang
북핵	nucléraire nord-coréen
북핵문제	dossier, problème, question nucléaire nord coréen (예)북핵문제를 해결하다. Régler le dossier nucléaire, trouver une issue .
북핵위기	crise nucléaire nord-coréenne
북핵폐기, 핵시설 동결	démantèlement du programme nucléaire geler. désactiver. abandonner. fermer les installations nucléaires

불가침조약	pacte, traité de non-agression
불량국가	Etat voyou
불신을 해소	dissiper la méfiance
블랙리스트	liste noire (예)블랙리스트에 오르다. Être placé sur la liste noire.
비관주의자	pessimiste
비핵화	dénucléarisation
사전 인터뷰	entretiens préparatoires
사회주의 경제	économie socialiste
상봉	retrouvailles
서신교환	échange de correspondance
소수민족 우대정책	discrimination positive
수석대표	chef de la délégation
숙영시키다	cantonner
신경전	guerre des nerfs
실무그룹	groupe de travail
쌀과 비료 지원	livraisons de riz et d'engrais
악의 축	axe du mal (예)약속을 지키다. Tenir sa promesse.
양국 통일의 절차	processus de réunification intercoréenne
양국교역양	volume d'échange commercial intercoréen

에너지 지원	aide énergétique
영변원자로	réacteur de Yongbyon
영변핵재처리시설	installation de retraitement du plutonium à Yongbyon
외교 소식통	source diplomatique
외교관계 수립	établir des relations diplomatiques
외교관계 재수립	rétablir les relations diplomatiques (예)외교적압력을 가하다. Intensifier la pression diplomatique.
외교행랑	valise diplomatique
외신기자 클럽	club des envoyés spéciaux
우라늄농축프로그램	programme d'enrichissement de l'uranium à des fins militaires
원심분리기	centrifugeur
유교, 유학	confucianisme
유적, 잔해	vestige
이득	retombée, agrément, avantage
이산가족	famille séparée, dispersée
이산가족상봉	la rencontre, réunion de la famille séparée
이주노동자권리협약	Convention des Nations Unies sur les droits des travailleurs migrants
인도주의기구	organisation humanitaire
인센티브	stimulant

임박한	imminent
자기방어권리	droit d'auto-défense
자본(기술)이전	transfert de capitaux(technologies)
자유의 마을	village de la liberté
자주국방	autodéfense, défense autonome
장거리(단거리) 미사일	missile à longue(courte) portée, missile de longue portée, engin de longue portée
장거리 미사일 발사	tir(lancement) du missile à longue portée, missile de longue portée, engin de longue portée (예)미사일 발사는 북한 남부에 위치한 기지에서 발사되었다. Les tirs ont été effectués d'une base située dans le sud-est de la République populaire démocratique de Corée(RPDC).
적십자의 인도주의적인 지원	aide humanitaire de la Croix-Rouge
전략적관계강화	renforcement des liens stratégiques
정보기관	les services de renseignement
제네바회담	pourparlers de Genève
조선민주주의인민공화국	RPDC(la République populaire démocratique de Corée)
주권국가	pays souverain (예)주권국가들을 침략하다. Envahir des pays souverains.
주변4대강국	les quatres puissances voisines
주한미군철수	retirer les troupes américaines basées en Corée du Sud

중유	le fioul lourd
지구상 마지막 스탈린 국가	dernier régime stalinien du monde
지니다, 내포하다	receler
지정학적 상황	situation géopolitique
철조망	barbelés
체제안전 보장	garantie de sécurité du régime
초기조치	période initiale d'action, mise en oeuvre des premières mesures
최고인민회의	Assemblée suprême du peuple
출입국관리소	office des migrations internationales
친지	proches
쾌거, 경이적 성공	percée
탈북자	transfuges nord-coréens, réfugiés nord-coréens
테러지원국	États qui parrainent le terrorisme, pays soutenant le terrorisme (예)미국은 테러지원국가 목록을 공개했다. Les États-Unies ont publié la liste des pays soutenant le terrorisme.
통일	réunification
통일부장관	ministre de la Réunification
판문점	village de la trêve Panmunjeom
공동경비구역	Zone commune de sécurité [정의]poste de garde situé du côté nord de la zone commune de sécurite séparant les deut corée à Panmunjeom.

평화적 목적	fins(buts)pacifiques
평화조약 조인	signer le traité de paix
포괄적 접근	une approche globale
포용정책	politique d'ouverture vers le Nord
포의 장갑철판 해제	levée de boucliers
폭정의 전초기지	avant poste de la tyrannie
표현과 결사의 자유	liberté d'expression et d'association
피할 수 없는	fatidique, inévitable
한국전쟁휴전협정	armistice de 1953
한미정상회담	sommet entre la Corée et les Etats-Unis
한반도 긴장완화	détente de la péninsule coréenne (예)긴장을 완화하다. Apaiser les tensions.
한반도 비핵화	dénucléarisation de la péninsule coréenne
한반도 평화	paix dans la péninsule coréenne
한반도에 긴장이 고조되다	monter la tension dans la peninsule coréenne
한반도위기	crise de la péninsule coréenne
항구적 평화구축	instaurer une paix durable
핵무장계획	programme d'armement nucléaire
핵개발계획 동결(중단)	gel du programme nucléaire. démanteler les programmes nucléaires
핵무기의 억제력	force de dissuasion nudéaire

핵실험 essaie nucléaire

(예)첫 번째 테스트를 하다. Procédé à son premier essai.

핵억지력 dissuasion nucléaire

핵연료봉 barres de combustible nucléaire

핵원자로폐기 fermeture du réacteur nucléaire

핵폐기 abandon(démantèlement, désactivation) du programme nucléaire

핵프로그램 programme nucléaire

핵프로그램 동결 gel du programme atomique

핵프로그램 포기 démantèlement du programme nucléaire

(예)핵프로그램을 신고하다.
Divulguer(dévoiler) tout le programme nucléaire.

핵확산금지조약, 핵확산 방지조약 Traité de Non Prolifération nucléaire(TNP)

(예)핵확산금지조약에 복귀하다.
Retourner au traité de non-prolifération(TNP)

(예)NPT탈퇴를 선언하다.
Annoncer son retrait du traité de non prolifération nucléaire(TNP).

북한의 NPT 탈퇴 sortie(retrait) de la Corée du Nord du Traité de non-prolifération

(예)핵확산금지조약을 탈퇴하다.
Se retirer du trait de non-prolifération.nucléaire.

햇볕정책 politique de main tendue, politique d'embellie

금강산관광사업 추진기업 Hyundai Asan, opérateur touristique des croisières du Mont Kumgang

(예)현대아산은 한국의 금강산 관광 사업추진 기업이다.
Hyundai Asan est l'opérateur touristique des croisières sud-coréen du Mont Kumgang.

호전적태도 attitude belliqueuse

화해와 평화적 공존 보장 assurer la réconciliation et la coexistence pacifique

화해의 열망 aspiration à la réconciliation

화해정책 politique de réconciliation

화해협력정책 une politique de réconciliation et de coopération

확성기 haut-parleur

회동 rencontre

l'armistice qui avait mis fin à la guerre de Corée, en 1953*

미사일방어체계 système de défense antimissile

국제원자력기구 Agence internationale de l'énergie atomique(AIEA)

(예)국제원자력기구 사찰. Inspection de l'AIEA.

국제원자력기구 사찰단 inspecteurs de l'Agence internationale de l'énergie atomique(AIEA)

(예)국제원자력기구 사찰단을 추방하다.
Expulser des inspecteurs de l'Agence internationale de l'énergie atomique(AIEA).

국제원자력기구 사찰 inspection nucléaire de l'AIEA, inspecteurs de l'Agence internationale de l'énergie atomique(AIEA)

세계식량계획(WFP) Programme alimentaire mondial(PAM)

유엔식량농업기구	l'Organisation pour l'Alimentation et l'Agriculture (FAO)
로드맵	feuille de route
남북통일	réunification des deux Corées
내재한	inhérent à
유럽항공우주방위산업	EADS(European Aeronautic Defence and Space Company)

한불관계

(사회당)당수	premier secrétaire (du PS)
(프랑스)상해 조계	concession de Shanghai
1965년 문화협정	accord culturel en 1965
감언이설	baratin
개최하다	organiser
경선 1차 투표	primaire, premier tour
경의	homage (à qqn)
경제적 실리 추구	poursuite d'intérêts économiques
계몽시대	siècle des Lumières
고아원	orphelinant
공동의 이익 부재	manque d'intérêt commun
공동의 이해관계 부족(부재)	manque d'intérêt réciproque
공백(기)	trou noir
공사관	légation
과학문화교류	échanges culturels et scientifiques
관계, 유대	lien

(예)관계를 제한 시키다. Limiter et handicaper les relations.
(예)관계를 제한 시키고 불리하게 만들다.
Limiter et handicaper les relations.

(예)관계를 증진 시키고 강화하다. Accroître et intensifier les relations.
(예)북한과의 관계를 정상화하다.
Normaliser les relations avec la Corée du Nord.

괄목할 만한(놀라운) remarkable

교류(교차로) carrefour

교류발전의 가능성 potentiel de développement des échanges

교역 대상(국) partenaire commercial

국경을 불법으로 넘음 franchissement illégal des frontières

긍정적 효과 retombée positive

나노광자 nanophotonique

난징조약 traité de Nankin de 1842

다체로운 면 multiples facettes

대규모의 성과 réalisation d'envergure

(예)대성공을 거두다.
Remporter une victoire décisive, connaître un francsuccès.

무역교류 échanges commerciaux

무역대상국 partenaire commercial

(예)한국은 아시아에서 우리나라의 세번째 무역 대상국이고 프랑스는 한국의 네번째 해외 투자국이다.
La Corée du Sud est notre troisième partenaire commercial en Asie et la France est le quatrième investisseur étranger en Corée.

문화, 과학, 경제, 학술행사 manifestations culturelles, universitaires, scientifiques et économiques

대형행사 manifestation d'envergure

문화행사 manifestations culturelles

주요행사 événement majeur

구호, 제목	intituler
상업행사	manifestations commerciales
기념행사	manifestation
경제행사	manifestations économiques
백년제	centenaire
번영하다, 꽃 피우다	fleurir
별똥별(지는 별)	étoile filante
지원하다	subventionner
부분	volet
부흥	renouveau
분쟁 해결	résolution des différends
불평등주의의	inégalitaire
불화의 사과	pomme de discorde
	[정의](그리스 신화에서 파리스가 금사과를 아프로디테에게 주어 여신들 사이에 불화를 일으킨 일에서 연유함), 분열(분쟁)의 원인
불화의 시기	une période de discorde
비밀리에	dans la clandestinité
비즈니스 세계	milieux d'affaires
상호방문(교차방문)	visites croisées
새로운 비전	vision moderne
생존자	rescapé

서구제국주의	impérialismes occidentaux
서로 비추어 보아	au regard de l'autre
경계	maître
선을긋다(길을내다)	tracer
선조, 조상	ancêtre, ascendance
세계박람회	exposition mondiale
세미나	éminaire
소규모학회, 심포지엄	colloque
양로원	hospice
양자간 협력	coopération bilatérale
왕실칙령	décret royal
왕좌	trône royal
외교적 마찰	divergences diplomatiques
외무부 동남아통상과장	Directeur Asie du Sud-Est au Ministère des Affaires Etrangères
원기를 되찾은, 생기발랄한, 화가 난	remonté(e)
원정	expédition
위축기	période de contraction
유학자(유생)	élite confucéenne
자국 문명의 우월성	supériorité de sa civilisation
자유세계의 수호자	défenseur du monde libre

장기적인 목표	objectif de long terme
재불한인사회	communauté coréenne de France
재불한인협회	association de résidents coréens en France
정당의 하계 연수	université d'été
정착시키다, 뿌리박게하다	enraciner
정치경제적 상황	contexte(situation) politico-économique
조공	allégeance
조사하다, 개척하다	prospecter
주목을 끄는	remarquer
주빈국	invité d'honneur
주한프랑스 문화원	centre culturel français
참석하신 가운데	en sa présence
창조적 상상력	imagination créatrice
초만원의	archicomble
축하하다	célébrer
통상우호조약	traité d'amitié et de commerce
통합하다	regroupe
외국인 투자자	investisseur étranger
투자유치	attraction d'investissements
펼쳐지다	se dérouler
폐쇄	verrou

불꽃놀이	feu d'artifice
퐁피두센터의 제3세계영화제	festival des films du Tiers Monde au Centre Pompidou
풍부	foisonnement, ample, riche, abondant(e)
풍부한 창작자	créateur fertile
프랑스 내 한국문화 전파	diffusion de la culture coréenne en France
프랑스 내 한국에 대한 지식 전파	diffusion en France de la connaissance de Corée
프랑스환경에너지 관리공단	Agence de l'Environnement et de la Maîtrise de l'Enérgie(ADEME)
프로그래밍	programmation
학술기관	institution académique
한국과학기술원	Institut Coréen des Sciences et Technologies Avancées(KAIST)
한국관(세계박람회)	pavillon de Corée
한국망명정부	délégation du gouvernement coréen en exil
한국문화원	centre culturel coréen
한국생명공학연구원	Institut Coréen des Biosciences et des Biotechnologies(KRIBB)
한국을 가슴속으로	Corée au coeur
한글의 보급	vulgarisation de l'alphabet coréen(hangeul)

한불 우호관계	l'amitié entre la France et la Corée (예)한불관계의 증진을 강조하다. Souligner le renforcement des relations franco-coréennes.
한불교류 초창기	temps des premiers contacts
한불문화관계	relations culturelles entre la Frane et la Corée
한불수교 120주년	120ème anniversaire de l'établissement des relations diplomatiques entre la France et la Corée, 120ème anniversaire des relations diplomatiques franco-coréennes
한불 외교관계 강화	resserrement des relations diplomatiques franco-coréennes (예)협력이 긴밀해지다. Coopération se resserre.
한불우호통상조약	traité d'amitié, de commerce et de navigation franco-coréen
한불파트너쉽체결	établissement d'un partenariat franco-coréen
할애하다	consacrer
협정에 ~을 포함시키다	intégrer (qch) dans l'accord
혼란스러운(충격적인)	troublante
화려한 피날레, 최고조	point d'orgue
화승총	mousquet
활력	vitalité
회	édition

국제정치 • 한불관계

회고전(회고특집)	rétrospective
흡인(력)	appel d'air
흥분(열광)	effervescence, exaltante
흥선대원군	régent Taeweongun

국제정치

한일관계

박해	persécution
견디다(시련, 모욕을)	encaisser
처형	exécution
탄압	répression
1853년 보신전쟁	guerre civile de 1853
2.13 합의	accord du 13 février
강제성	coercition
과거사 정리	éclairage du passé, mise en ordre du passé

(예)과거에서 교훈을 얻다. Tirer les leçons du passé.
(예)독일의 예에서 교훈을 얻다. Tirer une leçon de l'exemple allemand.
(예)역사의 어두운 그림자에서 나오기를 결심하다.
Se décider à sortir de l'ombre de l'histoire.

(예)국가의 역사적 책임을 최소화하다.
Minimiser les responsabilités historiques du pays.

국권을 되찾다	recouvrer l'indépendance
국민 중 소수파	frange marginale de la population
국민적 합의를 바탕으로	basé sur le consensus du peuple coréen
근거가 없다	reposer sur rien
기념식	cérémonie commémorative
난징대학살	massacre de Nankin
뉘우침, 회개의 부족	manque de repentance
단결하다	se mobiliser(pour la solidarité)

대대적인 반발을 야기하다 susciter d'amples protestations

대의명분 grande causes natinonale

대한독립만세의 함성 cris du peuple pour la libération de la corée

대한민국 만세 vive la Corée

독도문제 question de l'île Dok

독립 indépendance

독립선언문 déclaration d'indépendance

독립운동 mouvement d'indépendance

독립유공자 personnes méritantes. ceux qui ont milité pour l'indépendance. méritants qui ont rendu de grands services à l'indépendance

동북아의 긴장 tensions en Asie du Nord-Est

만세 hourra

무인도 îlots inhabités

문제시 되는 이름 분리 séparer les noms problématiques

미 의회 Congrès américain

미래지향적 관계수립 promouvoir des relations tournées vers l'avenir

반일감정 sentiment anti-japonais

(예)반일감정이 일어나다. Les voix anti-japonaises s'élèvent.

배타적 경제수역 경계선(동중국해) ligne de démarcation des zones économiques exclusives en mer de Chine orientale

(예)경계를 설정하다. Délimiter.

보편적 가치	valeur universelle
부끄러운 과거를 청산하다	surmonter un passé honteux
불화, 대립, 갈등	divergence, désaccord, différend, conflit
나라 전역에서	dans l'ensemble du pays, dans tout le pays
상호존중, 상호신뢰	respect mutuel, confiance mutuelle (예)신뢰분위기를 안착시키다. Instaurer un climat de confiance. (예)다른 아시아 국가로부터 신뢰를 얻다. Gagner la confiance des autres pays asiatiques.
석유 확보	approvisionnement pétrolier
성지	pèlerinages
수정주의	révisionnisme
낙인을 찍다, 비난하다	flétrir
시마네현	préfecture de Shimane
(젊음, 아름다움 따위의) 쇠퇴, 퇴색	flétrissure
신사참배	visites au sanctuaire de Yaskuni
아소 타로 일본 외상	chef de la diplomatie nippone, Taro Aso
안전과 자존	sécurité et estime de soi
애국선열	ceux qui ont donné leur vie pour la patrie, héros national
황질의 신사	sulfureux sanctuaire
야스쿠니 신사	sanctuaire Yasukuni (예)양국관계를 악화시키다. Envenimer les relations bilatérales.
인정하다	prendre acte (de qch)

에너지자원이 풍부한 지역　région riche en ressources énergétiques

영토분쟁　différends territoriaux. litige territorial querelles territoriales, disputes territoriales

올바른 역사인식　vision correcte de l'histoire

(예)올바른 역사의식을 가지다.
Adopter une attitude correcte enveres l'histoire.

위안부　femmes de réconfort, esclavage sexuel

(예)위안부로 여성을 착취하다.
Exploiter des femmes comme chair à soldats.

(예)성노예가 되다. Être transformé(e) en esclaves sexuelles.
(예)위안부여성에 관한 잦은(반복되는)논란.
Controverse récurrente sur les femmes de réconfort.

(예)공식적이고 명확히 사과할 것을 요구하다.
Exhorte qn à s'excuser et sans ambiguïté .

종군위안부 결의안　résolution exigeant des excuses du Japon

종군위안부 설치에 대한 일본군 수뇌부의 연루

implication de l'état-major dans la gestion des bordels militaires

종군위안소　bordel militaire, centre de réconfort

은폐　occultation

이라크 전쟁 발발　déclenchement de la guerre en Irak

일본 교과서 왜곡	distorsion de l'histoire dans les manuels scolaires japonais (예)식민시대 만행을 왜곡하다(미화하다). Minimiser(glorifier) les atrocités. (예)사건을 왜곡하여 해석하다. Interpréte tendancieusement un événement. (예)역사교과서 왜곡. Manipulation des manuels scolaire d'histoire. (예)역사왜곡을 규탄하다. Dénoncer le révisionnisme du Japon.
일본 문부성	ministère de l'éducation japonaire
일본 우주항공 프로그램	programme spatial nippon
일본 자위대	forces d'autodéfense
일본 제국주의의 잔혹성	brutalités de l'impérialisme nippon
일본군대	armée impériale du Japon, armée japonaise, soldatesque nippone
일본의 한반도 점령	colonisation de la péninsule coréenne
일본역사왜곡교과서	manuel d'histoire révisionniste
일본인을 찬양하다	rendre hommage aux Japonais
일본제국군	Armée impériale japonaise
일본제국주의	impérialisme japonais
일본제품 불매운동	boycotter les produits japonais(nippons)
일본종전기념일(항복)	15 août, date de la capitulation japonaise à la fin de la Seconde Guerre mondiale
일제 강점기(식민지)	occupation japonaise

일제 감정하 강제동원 피해진상규명 위원회	
	commission de vérité sur mobilisation forcée sous occupation japonaise
임시정부	gouvernement provisoire
전시 사건의 재해석	réinterprétation de faits de guerre
	(예)중국을 견제하다. Contrecarrer la Chine.
지도적인 국가	pays leader
징집	recrutement
찬양하다	rendre hommage à qn
태평양 전쟁	guerre du Pacifique
평화 헌법	Constitution pacifiste
	(예)평화적 발전에 합류하다. Adhérer à la voie de développement paficique.
	(예)한반도에 평화를 정착시키다. Établir la paix dans la péninsule coréenne.
	(예)지역에 평화를 정착시키다. Installer la paix dans la région.
한일 우정의 해(2005)	Année de l'amitié Corée - Japon
한일국교정상화40주년	le 40ème anniversaire de la normalisation des relations diplomatiques entre la Coréé du Sud et le Japon
한일협정	conclusion en juin 1965 du Traité sur les Relations de base entre le Japon et la République de Corée
함선의 어뢰공격	torpillage du navire
A급 전범 14명	14 criminels de guerre

ASEM

ASEM 내에서	au sein de l'ASEM
각 지역	régions respectives
개최되다	avoir lieu
경제적인 면에서	sur le plan économique
공동파트너십 협력, 제휴	partenariat
교훈을 얻다	tirer la leçon
구조 변화	changements structurels
국가간 조약, 협정	traités multilatéraux
국가원수, 지도자	chefs d'Etat
국제 시스템	système international
국제 테러리즘	terrorisme international
다국간의	multilatéral
다국간의 접근	approche multilatérale
다국간주의 촉진	promouvior le multilatéralisme
다자간 협력	coopéraiton multilatérale
대량살상 무기	armes de destruction massive
두 번째 수출시장	deuxième marché pour ses exportations
무장해제	désarmement
문명간	entre civilisations
민주주의적	démocratique

발자취, 흔적 marque

보안, 안보 sécurité, sûreté

(예)평화와 안보를 구축하다. Établir paix et sécurité.

비추어, 따라서 conformément

비확산 non prolifération

상호 이해 compréhension mutuelle

세계경제 économie mondiale

시기적절, 좋은 기회 opportunité

아시아 유럽 정상회의 sommet Asie-Europe

안보위협 menace de sécurité

(예)역할을 충분히 할 각오가 되어있다.
Être déterminé à jouer pleinement son rôle .

유럽과 아시아간의 협력 coopération entre l'Europe et l'Asie

유럽통합 unification de l'Europe

일관성 cohérent

제6차 ASEM 정상회의의 개막 ouverture du sixième sommet de l'ASEM

(예)아셈(ASEM)과 특별한 관계를 유지하다.
Entretenir une relation spéciale avec l'ASEM.

(예)제3차 ASEM 정상회의를 개최하다.
Organiser le troisième sommet de l'ASEM.

주변환경, 배경 cadre, environnement

주요 구성요소 principes directeurs

주요 외국 투자국 principaux investisseurs étrangers

중요한 요소	instrument clé, facteur clé
지역간 협력	coopération entre les régions (예)지역간, 국가간 격차를 줄이다. Apaiser les disparités régionales et internationales.
평화의 촉진	promotion de la paix
헌장, 증서, 문서	charte de l'ONU
헬싱키 선언	déclaration d'Helsinki
협력포럼	Forum de coopération (예)협력을 강화하다. Renforcer la coopération.
회고	défis mondiaux

국제정치

국제기구

국제기구	organisation internationales
국제연합	Organisation des Nations Unies(O.N.U)
국제연합헌장	Charte des Nations Unies
유엔안보이사회	Conseil de Sécurité(de l'Organisation des Nations Unies)
U.N 본부	Siége des Nations Unies
U.N 총회	Assemblée Générale des Nations Unies
공동의 목표	objectif commun
귀중한 도움을 주다	apporter une aide précieuse
극빈 상황에 처하다	être dans un état d'extrême pauvreté
급속도로	de façon accélérée
급속한 발전	progrès rapide
기여하다	contribuer
깊어지다	se creuser
발전의 결실	fruits des avancées
보건분야	secteur de la santé
보건을 개선시키다	améliorer la santé
빈곤퇴치	lutte contre la pauvreté

경제협력개발기구(OECD) Oraganisation de Coopération pour le Dévelop- pement Economique

국경없는의사회 Medecins Sans Frontiere(MSF)

국제결제은행 Banque des Réglement Internationaux(BRI)

국제노동기구 Organisation Internationale du Travail(OIT)

국제사면위원회(Amnesty International) Amnestie Internationale

국제사법재판소 Cour Internationale de Justice(CIJ)

국제적십자사 Croix-Rouge

그린피스 Greenpeace

동남아시아국가연합(ASEAN) Association des Nations de l'Asie du Sud-Est (ANASE)

석유수출국기구 Organisation des Pays Exportateurs du Pétrole(OPEP)

세계관광기구 Organisation Mondiale du Tourisme(OMT)

세계관세기구 l'Organisation mondiale des douanes

세계무역기구(WTO) Organisation mondiale du commerce,(OMC)

세계반도핑기구(WADA) Agence mondiale antidopage(AMA)

세계보건기구(WHO) Organisation mondiale de la Santé.(OMS)

세계자연보호기금(WWF) Fonds Mondiale pour la Nature

세계통화기금 Fonds Monetaire International

아시아태평양경제협력체(APEC)	Coopération Economique Asie-Pacifique
유럽연합(EU)	Union Européenne(UE)
유엔개발계획	Programme des Nations Unies pour le Developpement(PNUD)
유엔아동기금(UNICEF)	Fonds des Nations Unies pour l'Enfance

과학기술

나노기술

고성능, 고기능 소재	matériaux perfectionnés
국립 마이크로전자기술 교육센터	Centre National de Formation en Microélectronique
권고안	recommandations
규소	silicium
기술 플랫폼	plates-formes technologiques
기술적 쾌거	saut technologique
나노결과물	nano-objets
나노과학	nanosciences
나노구조	nano-structures
나노기술	nanotechnologies
나노미터	nanomètres [정의]100만분의 1 밀리미터
나노생명과학	nano-bio-sciences
나노소재	nano-matériaux
마이크로 전자기술	microélectronique
매우 예리한 분석	analyse d'une parfaite acuité
민관협력	partenariat public-privé(PPP)
사전 연구 프로젝트	projets de recherche amont
산학협력	partenariat université-industrie

산학연 협력	coopération industrie-université-centre de recherche
양자의, 양자역학적인	quantique
양자정보	information quantique
유치 거점	devenir un point(pôle) d'attractivité (예)유치 거점이 되다. Devenir un point(pôle) d'attractivité.
우수성	pôle d'excellence
운영자금과 인력	moyens de fonctionnement et de personnels
원내	parlementaire
인증 받은 프로젝트	projets labellisés
잡아야 할 기회	chance à saisir
장비제공	dotation en équipements
절연체	isolant
정부부처 산하 정책팀	mission
정확한(시의적절한) 지적	analyse d'une parfaite acuité
중소기업 육성	irrigation vers les PMI
특수장비들을 갖춘 연구센터	centrales dotées d'outils particuliers
프랑스 국가 마이크로 나노기술 연구 네트워크	Réseau micro et nano technologies(RMNT)
프랑스 국립 연구실용화 연구소	Agence nationale de valorisation de la recherche(ANVAR)
프랑스 국립과학연구센터	Centre national de la recherche scientifique(CNRS)

프랑스 국립보건의학연구소
Institut national de la santé et de la recherche médicale(INSERM)

프랑스 병기본부 Délégation Générale à l'Armement(DGA)

프랑스 원자력청 Commissariat à l'Energie Atomique(CEA)

프랑스 전자정보통신연구소
Laboratoire d'Electronique et de Technologie de l'Information(LETI)

과학기술

디지털카메라

거의(매우) 흡사하다	quasi identique (예)결정(선택)할 일만 남다. N'avoir que l'embarras du choix.
고급형 모델	modèle haut de gamme
고정렌즈 혹은 줌렌즈	objectifs à focale fixe ou variable
공급이 과도하다	l'offre actuelle est pléthorique
광도	luminosité
교묘하게 성공하다	tirer son épingle du jeu
기존의 인화지	papier photo traditionnel
높은 가격	prix prohibitif, prix élevé
터무니 없이 높은 가격	prix abusif
다용도로 사용	utilisation très polyvalente
동일한 결과	résultat identique
카메라	caméra, appareil photo
디지털 카메라	appareil photo numérique
메모리된 파일	fichiers mémorisés
저장	sauvegarder, enregistrer
비싼	onéreux
사진 사업을 그만두다	arrêter les activités photo
사진을 컴퓨터로 전송	Transfert des photos dans l'ordinateur
삼각대	trépied

원격 측정의	télémétriques
인화	tirages
전문가를 위한 카메라	appareils destinés aux professionnels
전문가의 요구사항에 부합하는	tourné vers les besoins des professionnels
조종하다	contrôler
줌렌즈	zoom
투사(도), 모사	calque
픽셀	points(pixels) de l'image
필름 카메라	appareil photo argentique
항상 경쟁	proposer souvent à des prix défiant toute concurrence
해야하는 투자	investissement à faire
화소	résolutions
JPEG파일	fichiers JPEG

과학기술

일반과학기술

공동연구, 팀워크	travail collectif, travail en équipe(en commun), recherches faites en commun
과학자	scientifique, homme de science
그린테크놀로지	technologies vertes, technologies propres
마우스	souris
마이크로 프로세서	micro-ordinateur
연구	recherche, études
연구발표	exposé(구두발표), publication
연구소	institut, laboratoire
연구원	chercheur
원년	la première année
첨단기술	la technologie de pointe
토론	débat, discussion
학계	monde(milieu) savant
학자	savant(e)
학회	société(savante), congrès
훈장을 받다	recevoir une décoration
기초과학	sciences de base
응용과학	sciences appliquées
도입기술	technologie importée

첨단기술	haute technologie, technologie avancée, dispositifs modernes
첨단산업	industrie de pointe
기술력	technique
두뇌유출	exode des cerveaux, exode des intellectuels, exode des spécialistes, émigration des cerveaux
두뇌탱크	laboratoire d'idées, groupe de réflexion
과학공원	cyber park
EXPO 과학공원	parc des exposition, parc-expo
과학단지	complexe(pôle) scientifique
연구단지	complexe(pôle) de recherche
대덕연구단지	complexe(pôle) de recherche de Daedeok, Daedeok innopolis
인문과학	sciences humaine
자연과학	sciences naturelles
인체공학기술	ergonomie
의학	médecine
화학	chimie
물리학	physique
생(물)화학	biochimie
수학	mathématiques
약학	pharmacie

분자물리학	physique moléculaire
생명공학	biotechonologie
전자공학	électronique, science électronique
환경공학	génie écologique, sciences environnementales
재료공학	science des matériaux
원자물리학	physique nucléaire
지구물리학	géophysique
양자물리학	physique quantique, quantique
분자물리학	physique moléculaire
천체물리학	astrophysique, astronomie physique
광전자학	photoélectrique
바이오일렉트로닉스	bioélectrique
신소재	nouveaux matériaux
복합재료	matériaux composites
연구개발	recherche-développement
신제품의 연구와 개발	étude et développement d'un nouveau produit
국책 연구소	Centre national de la recherche scientifique, organisme public de recherche, agence nationale de la recherche
정부 출연 연구 기관	organisme de recherche, centre de recherches, centre d'études
컴맹퇴치	alphabétisation numérique

과학기술

우주항공

천문학	astronomie
항공학	aéronautique
민간 항공학	aéronautique civile
우주항공학	astronautique
항공전자공학	avionique
항공전자 기술	aéro-électronique
항공역학	aérodynamique
항공역학 전문가	aérodynamicien
기계공학	génie mécanique
공기역학	aérondynamique
우주강국	puissance spatiale
우주개발	conquête de l'espace
항공분야	domaine de l'aviation, secteur de l'aviation
우주분야	secteur spatial
우주비행(학)	astronautique
항공산업	industrie aéronautique
우주산업	industrie spatiale
우주항공산업	industrie aérospatiale
항공학, 항공술	aéronautique
한국항공우주연구원	institut de recherche aérospatiale de Corée

미연방항공국(Federal Aviation Administration)
l'Administration Fédérale de l'Aviation aux Etats-Unis

유럽우주청 Agence spatiale européenne(ESA)

유럽 항공 안전국 Agence européenne de la sécurité aérienne(AESA)
(영)EASA

프랑스국립우주연구센터 Centre national d'études spatiales(CNES)

우주정거장 station spatiale, station orbitale

국제우주정거장 station spatiale internationale(ISS)

반쯤 완성된 정거장 station, à demi achevée

프랑스령기아나쿠루기지 Centre spatial guyanais de Kourou

러시아 가가린 우주인훈련센터 Centre d'entraînement de cosmonautes Yuri Gargarin
(영)Yuri Gagarin Cosmonauts Training Center

우주로켓발사기지 cosmodrome, base spatiale

우주왕복선 navette spatiale

우주왕복선 발사 lancement de la navette

유인우주선 vol spatial habité

유인우주탐사선 vaisseau spatial habité

무인우주탐사선 sonde spatiale

기수 nez(de l'avion)

계기판 tableau de bord

공기 정화 및 습도조절 시설 capteurs de température, pression

로케트	lanceur, fusée
추진기	hélice
(비행기의) 로켓 추진기	moteur-fusée
벨크로	velcro, bande auto-agrippante
분관계/분광기	spectromètre
연료 전지 충전	recharger les piles à combustible
연료탱크 외부 단열재 균열	fissure sur de la mousse isolante du réservoir externe de la navette
소유즈	lanceur Soyouz
아리안	la fusée Ariane(un lanceur civil européen de satellites)
우주복	combinaison spatiale
우주인, 우주 비행사	astronaute, spationaute, cosmonaute(주로 러시아인)
승무원(집합적)	équipage
항공 기술자	ingénieur aéronautique
우주에 발사되다	être propulsé(e) dans l'espace
발사를 취소하다	annuler le tir
발사 가능 시간대의 종료	fermeture de la fenêtre
발사를 포기하다	renoncer au lancement (예)디스커버리호 발사를 포기하다. Renoncer à lancer Discovery. (예)북한은 예정되어 있던 로켓의 발사를 포기했다. Pyongyang à renoncer au lancement prévu de sa fusée.
유럽 민간 항공 시스템	système européen de l'aviation civile

대기(권)	atmosphère, atmosphère terrestre (예)대기권밖 궤도. Trajet hors atmosphère.
대기권 진입	entrer dans l'atmosphère
궤도	orbite (예)정상 궤도에 올려놓다. Mettre(qn, qc) sur orbite. (예)12일간의 우주궤도에서의 임무. Une mission de douze jours sur orbite.
궤도진입	mettre en orbite
타원궤도	orbite elliptique
행성간 궤도	trajet interplanètaire
(궤도를 도는)우주 비행체	orbiteur
위성을 궤도에 올려놓다.	placer un satellite en orbite
(인공)위성	satellite
지구관측위성	satellite de télédétection (예)지리정보. Données géographiques. (예)지리정보를 제공하다, 업데이트하다. Mettre à jour les donées géographiques.
통신위성	satellite de télécommunications
위성사진	imagerie satellitaire
다목적 실용위성	satellite multifonctions
탑승하다	monter à bord (예)7명의 승무원이 탑승하다. Sept astronautes à son bord.
추진 모듈	module de propulsion
거주모듈	module d'habitation
귀환모듈	module de descente

고에너지/입자	particules à haute énergie
고해상도 카메라를 갖춘	être muni d'une caméra à haute résolution
관제소	centre de contrôle
국내 규제담당자	régulateurs nationaux
달정복	course à la lune
무중력상태	en apesanteur
우주선에서의 생활	séjours à bord (예)우주선에서 과학실험이 이루어지다. Expériences scientifiques ont été menés à bord.
우주정복	coquête spatiale
우주식민지화	colonisation de l'espace
화성	planète rouge, Mars (예)화성표면에 안착시키다. Se poser à la surface de Mars.
화성탐사	exploration de Mars (예)우주탐사프로그램을 계속 진행함. Poursuivre le programme d'exploration de l'espace. (예)유성을 탐사하다. Explorer la planète.
착륙장치 발사	larguer l'atterrisseur
안착하다	se poser
우주파편	débris
허블 우주망원경	téléscope spatial Hubble
회전	rotation

금융

금리

건설경기 하강	ralentissement du rythme de croissance de la construction
금융통화위원회	Comité des politiques monétaires (영)Monetary Policy Committee
기자 간담회	conférence de presse
내수 감소세	baisse de la demande intérieure
내수 상승세	hausse de la demande intérieure
내수 진작	relance de la demande intérieure
상쇄하다	compenser (예)선례를 보여주다. Créer un précédent.
선제적으로	à l'avance
성장 둔화	ralentissement de croissance
수출 증가세	augmentation des exportations
이자경감	baisse des taux d'intérêt (예)자본이 해외로 빠져나가다. La fuite des capitaux coréens vers l'étranger.
채권시장	marché des créances
콜금리 인하	baisser le taux d'appel
한국은행	Banque de Corée (영)The Bank of Korea

금융

주식

유가증권	valeurs financières (영)securities stocks and bonds
(상장회사) 회사자본	capital social
(프.재무부의) 이재국	direction du Trésor
1등급주	valeur de premier ordre
2등급주	valeur de second ordre
가치의 하락	dépréciation
감도분석	analyse de sensibilité [정의]어떤 종류의 의사결정 모델을 이용하여 해답을 끌어내는 경우 파라미터나 데이터의 변동이 해답이나 결과에 어떤 영향을 미치는가를 보기 위해 하는 조사.
감자	diminution, réduction de capital [정의]회사가 자본금을 일정한 방법에 의하여 줄이는 것. 주금액을 줄이는 방법과 주식수를 줄이는 방법의 두가지가 있음.
개방형 투자신탁	société d'investissement à capital variable(SICAV) (영) mutual fund(US) , unit trust(UK)
개인주주	actionnaire individuelle [정의]개인명의로 주식을 보유하고 있는 주주. 따라서 개인명의로 주식을 보유하고 있는 자본가나 경영주도 통계상으로는 개인주주에 속하나 일반적으로는 금융기관이나 증권회사 등 법인으로서 주식을 소유하고 있는 법인주주 또는 기관투자가와 구별되는 일반투자자를 개인주주라고 함. (영)individual stockholder
거래	transaction, opération (영)transaction

거래량 volume des échanges

[정의]거래소 안에서 매매된 주식

거래세 taxes sur les transactions, taxe sur le fransfert

거래장 브로커 courtier

[정의]고객의 주문에 따라 행하는 유가증권의 매매, 즉 위탁매매를 전문으로 하는 증권업자. (영)floor broker

거래장 트레이더 boursier, opérateur professionel de la Bourse

[정의]미국의 증권거래소 회원업자의 일종을 말하는 것으로 입회장내에서 자기매매만을 함. 일반투자자 및 브로커로부터의 주문은 받지 않으며 주가의 변동에 따라 시세차익을 얻는 것을 목적으로 하기 때문에 가격의 평준화, 시세의 계속성 유지에 기여함. (영어)floor trader

거래주수 nombre de titres traités

건설주 valeur de construction

결의안 résolution

경매 enchères

경상시장가격 cours du jour

[정의]경상가격. 물가의 변동을 제거하지 않는 그 시점의 가격.

고위주(높은 시세의 주) grosse valeur

고정수익부 유가증권 valeur à rendement fixe

[정의]유가증권의 발행시 이자지급이나 배당을 일정한 비율에 의하여 일정시기에 실시하도록 약정되어 있는 증권. 대표적인 것으로는 고정금리채, 우선주 등이 있음.

고정자본 capital(aux) fixe (영)fixed capital

공모 | souscription dans le public

[정의]발행된 유가증권을 불특정다수인에게 균일한 조건으로 매도 및 매수 청약을 권유하는 것으로 일반모집이라고도 함.

공정거래 | transactions régulières, procédés honnêtes

(영)straight dealing

관리종목 | liste noire de la commission boursière

[정의]사고팔 수는 있으나 신용 거래가 안 되고 대용 증권으로 활용할 수 없도록 지정한 증권 종목. 상장 회사의 영업 정지 또는 부도 발생 따위로 유가 증권 상장 규정에 따라 상장 폐지 기준에 해당하는 종목 가운데 특별히 일반 투자자의 주의를 환기시키기 위하여 증권 거래소에서 지정.

(예)관리종목에서 탈피.
Sortir de la liste noire de la commission boursière.

구매가격 | prix d'achat(d'acquisition)

국고 | Trésor public, les finances de l'État

[정의]중앙은행에 설치된 정부의 예금계정

국고의 적자 | déficit du Trésor

국고채권, 정부채 | bon du Trésor (영)bond

[정의]미 재무부 채권으로 만기가 1년 이하의 채권

국채 | fonds d'État, emprunt national (영)government bond

[정의]국회의 의결을 얻은 후에 정부가 발행하는 채권으로 재정정책의 일환으로 발행. 정부가 원리금지급을 보장하기 때문에 지명도와 신용도가 가장 높은 증권으로 대표적인 무위험자산으로 분류됨.

급락 | chute

기관투자가 | investisseur institutionnel

[정의]증권시장에서 대규모의 자금으로 투자활동을 하는 주체. 증권회사, 투자신탁회사, 보험회사, 은행, 투자금융회사, 종합금융회사, 상호신용금고, 연금기금 등.

기대수익	bénéfices escomptés
기대수익률	taux de rentabilité espéré, taux de rendement espéré, attendu (영)expected rate of return.
기명 보통주	actions ordinaires nominatives
기명의	nominatif
기명주식	action nominative [정의]주주의 성명이 주권 및 주주명부에 기재되어 있는 주식
기명증권	titres nominatifs (영)inscribed securities
기준시세	cours médian
납입자본	capital d'apport, capital juridique [정의]주식회사의 설립시 발기인들이 납입한 주금과 유무상증자에 따라 납입 또는 전입된 금액의 합계액을 의미함.
내부수익률	taux interne de rentabilité(TIR), taux de rendement interne, effectif mtaux de rentabilité interne [정의]현금유출의 현재가치와 현금융입의 현재가치를 같게하는 수익률로서, 수학적으로는 순현재가치가 0이되는 수익률을 말함. (영)internal rate of return(IRR)
내부자	initié, travailleur intégré [정의]우리나라에서는 증권거래법제188조에서 내부자를 상장법인 또는 등록법인의 임직원 및 대리인이나주요 주주로서 업무 등과 관련하여 투자자의 투자판단에 중대한 영향을미칠 수 있는 일반인에게 공개되지 아니한 중요한 정보를 직무와 관련하여알게 된 자와 이들로부터 정보를 받은 자로 규정. (영)insider

내부자거래	délit d'initiés [정의]유가증권 발행기관의 임원, 대주주 등과 같은 회사내부 관계자가당해 유가증권의 매매거래를 하는 것. (영)insider trading
누적	cumul
누적배당	dividende cumulatif (영)cumulative dividend
뉴욕선물거래소	Bourse de New York [정의]marché à terme des instrumentsfinanciers de la Bourse de NewYork. NYSE (영)New York Stock Exchange
단기투자	investissement, placement [정의]유가증권 투자시 장기보유를 통한 경영권 참가나 배당금 수령 등을 목적으로 하는 것이 아니라 단기간의 매매를 통해 차익을 얻을 목적으로 주식투자를 하는 사람. (영)short-term investment, day-o-day trader
대여금(대출)	emprunt
대폭적 가치상승	plus–value importante sérieux mouvement de hausse
위험관리	gestion des risques [정의]투자를 하는 데 반드시 수반되는 위험과 수익을 어떻게 조화시키는가 하는 것. (영)risk management
만기 이율	rendement à l'échéance (영)yield to maturity
만기수익률	taux actuariel taux de rendement actuariel mrendement à l'échéance (영)actuarial rate
만기일,지불 기한	date d'expiration, date d'échéance [정의]옵션매수자가 권리를 행사할 수 있는 마지막 날로서 만료일의 일정시간(만료시간)까지 권리를 행사하지 않으면 옵션은 소멸됨. 최종거래일이라고도 함. (영)date of expiration, maturity date

매각시가	prix de revente	(영)resale price
매도호가	prix offert	(영)offered price

매매차익, 판매수익 marge margin

매매하다 négocier

매수주문 offre d'achat faire une offre d'achat

매수주문가 cours d'achat, cours acheteur

매입주문 ordre d'achat

명목이자율 taux d'intérêt nominal

[정의]채권 예금 등 금융상품의 액면금액에 대한 이자율 즉 유가증권 권면에 표시된 이자율, nominal interest rate

모기지증권 obligations hypothécaire

[정의]주택용, 상업용 등의 부동산을 담보로 하는 대출채권을 증권화한 것. 1970년대 미국 정부금고(GNMA)의 모기지를 근거로 발행된 원리금자동이체(pass-through)증권이 시초.

(영)mortgage bond

모험자본, 벤처캐피탈 capital-risque

[정의]독자적인 기술 및 노하우를 가지고 연구와 개발을 목적으로 설립된 신규기업을 벤처 기업이라 하고 이들에 대한 출자 및 금융지원을 전문으로 하는 기업을 벤처 캐피탈 또는 리스크 캐피탈(risk capital)이라 함.

(영)venture capital

무기명주 action au porteur

[정의]주권에 주주의 성명을 기재하는 배서를 하지 않고 주주명부의 명의개서도 하지 않는 주식.

(영)bearer shares

무기명채권 titre au porteur m obligation au porteur

(영)bearer bond

무담보발행 émission fiduciaire

무담보차입금 prêt sans recours

무담보채권 obligation non garantie

[정의]담보없이 기업의 신용만 으로 발행되는 채권.

무배당 dividende omis

[정의]당기 순이익이 거의 발생하지 않았거나 적자를 기록하여 회사가 배당을 하지 않는 것을 말함.

(영)non-dividend, passed dividend

무상주 action gratuite

[정의]주주에게 주식대금납입의무를 지우지 않고 무상으로 발행하여 나누어 주는 주식을 말하며, 무상주 발행으로 인한 증자를 무상증자라고 함.

무의결권주 action sans droit de vote

[정의]회사의 기존 주주들이 경영권 잠식을 막기 위해 의결권을 부여하지 않는 대신 이익배당금에 우선적 지위를 부여하는 것.

(영)non voting stock

무형 자산 biens immatériels, valeurs immatérielles, actifs incorporels, immobilisations incorporelles, actifs

intangibles, appelés aussi actifs immatériels, investissements immatériels

물가지수 indice du coût de la vie

물가지수 상승 ascension (영)upward zoom

미발행자본 capitaux pas encore émis (영)unissued capital

발행주식	titre émis m (영)issued capital stock
미발행주	titre non-émis [정의]회사의 정관에 의해서 발행이 허용되어 있는 주식(수권주식) 가운데 이미 발행된 주식을 발행주라고 하며 아직 발행되지 않고 있는 것을 미발행주라고 함.
민간자본	capitaux privés
반등	reprise, remontée des prix(cours), reprise boursière [정의]하락추세의 주가가 큰폭의 상승세를 보이는 것. 반발과 같은 의미지만, 그정도에 있어서 더 큰것이 반등임.
발기인주	part de fondateur part bénéficiaire action d'apport [정의]회사의 발기인, 경영자, 연고자 등이 가지는 주식으로 배당율이 보통주 보다 낮은 후배주인 경우가 일반적. (영)promoter's stock
배당	dividende, [정의]기업활동의 성과물인 이익을 보유주식에 따라 주주에게 나눠주는 것. 주주가 기업에게 출자한 자본의 대가로 받는 이익 배분을 일컬음.
배당 수익	rendement d'une action (영)dividend -yield
배당(금)	dividende
배당률	taux de dividende [정의]1주당 액면금액에 대하여 지급되는 배당금의 비율로서 회사의 수익성에 따라 결정되며, 배당률의 높고 낮음은 대외적으로 그 사업이나 기업에 대한 신용 및 비판의 근거가 됨. (영)rate of dividend
배당수익	rendement d'une action

배당정책	politique de dividende
배당주	action de jouissance
배서를 필요로 하는 주	titres à ordre
투기적버블현상	bulle spéculative
법정중개인	agent de change
변동,유동	fluctuation
보조장	séance complémentaire
보증발행	émission fiduciaire

[정의]은행권의 발행이 정화(正貨)의 준비에 의한 것이 아니고, 국채 · 어음 등의 확실한 유가증권의 준비로 발행되는 일.

보통주	action ordinaire

[정의]우선주나 후배주와 같이 특별한 권리내용을 갖지 않은 주식을 말하는데, 이익배당 또는 잔여재산의 분배를 받는 순위에 있어서 우선주 다음임.

(영)ordinary, differed share

부동자금	capitaux flottants capitaux fébriles
부진한, 활기가 없는	marché terne
불확실한, 결정하지못하는	indécis, irrégulier(être)
블루칩	valeurs vedettes valeurs de premier ordre

[정의]위험이 작고 가치 하락의 가능성이 매우 낮은 우량 투자종목. 주로 오랜 기간 안정적인 이익창출과 배당지급을 실행해 온 기업의 주식을 의미.

비상장의	non coté

비상장주식 actions non cotées titres non cotés(hors cote)

[정의]상장주식에 반대되는 말로 증권시장에서 거래되지 못하는 주식, 즉 상장되지 못한 주식을 가리킴. 상장주식에 비해 객관적가치(시가)를 알수 없기 때문에 매수자와 매입자간의 협상에 의해 거래가 이루어짐.

(영)unlisted stock

사모 placement privé

[정의]소수의 특정인을 대상으로 주식이나 채권 등을 발행 매각하는 방식. 이와 반대되는 개념으로 불특정 다수인을 대상으로 발행하는 방식을 공모라고 함.

(영)private placement

사무라이본드 obligation samouraï

[정의]일본의 채권시장에서 외국정부, 정부기관, 지방자치단체, 민간기업 또는 국제금융기구에 의해 발행된 엔화 표시채권의 통칭.

(영)samuraibond

상거래의 활기 activité des transactions

상승시장(강세) marché à la hausse

상장 cotation inscription à la cote

[정의]신주공모나 구주매출을 통해 증권거래소에서 주식이 거래되게 하는 것. 주식을 신규로 상장하고자 하는 기업은 일정요건을 갖추어야 함.

상장주 valeur inscrite, valeur cotée

[정의]유가증권 상장 규정에 따라 소정의 절차를 밟고 증권시장에 상장되어 매매가 이루어지고 있는 주식.

(영)listed stock

상장주식 valeurs cotées en Bourse

상장회사 société cotée en Bourse (영)listed company

[정의]발행유가증권이 증권거래소에 상장되어 있는 회사.

상품선물거래 commodity future trading

상환시세 cours plafond

생산재 capital technique, bien de production(m)

석유주 valeur de pétroles

선물계약 contrat à terme

[정의]현재 합의한 가격으로 미래 일정시점에 무엇인가를 거래하기 위해 매입(계약)자와 매도(계약)자간에 정하는 계약.

(영)forward contract

선물시장 marché à terme

[정의]선물거래가 이루어지는 조직화된 시장. 구체적으로는 선물거래소를 지칭.

(영)forward market

선택적매입 achat sélectif

소액의 증권거래를 하다 boursicoter

소액주주 actionnaire minoritaire, intérêts minoritaires

[정의]당해 법인의 발행 주식 총액 또는 출자 총액의 1%에 해당하는 금액과, 액면가를 기준으로 하여 1억 원 미만의 금액 두 가지 중, 더 적은 금액에 해당되는 주식수를 보유하고 있는 주주.

(영)minority shareholders

소유재산(주식, 채권 등) portefeuille d'actions

손익분기점 point mort seuil de rentabilité (영)break-even point

손절매 ordre destiné à limiter les pertes

[정의]가지고 있는 주식의 현재 시세가 매입 가격보다 낮은 상태이고, 향후 가격 상승의 희망이 전혀 보이지 않는 경우에, 손해를 감수하고 파는 것.

(영)stop loss, loss cut

순매입의 증가 augmentation des achats nets

순자산(자기자본) actifs nets

시가(종가) cours actuel

시가총액 capitalisation boursière

[정의]증권시장에 상장되어 있는 모든 주식의 시가를 전부 더한 금액.

(영)aggregate value of listed stock

시세가 떨어지다 소폭하락 fléchir(cours)

시세폭락 forte baisse des cours

시장 marché

시초가(시가) cours d'ouverture

[정의]입회시에 최초로 체결된 거래가격을 시가 또는 시초가라고 하며 마지막으로 체결된 가격을 종가라고 함.

시황 journée en bourse

신기록시세 nouveau cours record

신뢰구간 intervalle de confiance (영)confidence interval

신주 action nouvelle

[정의]회사가 설립등기를 하여 성립된 후에 발행하는 주식

(영)new share(stock)

신주인수권 droits de souscription

[정의]증자를 위하여 신주가 발행되는 경우 우선적으로 신주의 할당을 받을 권리

(영)subscription right

실물자본 capital réel

실질이자율평가 parité des taux d'intérêts réels

액면금액	prix nominal
액면가	valeur au pair(aux paires), valeur nominale [정의]주권에 표시되어 있는 가격. 주식에 액면가액이 표시된 주식을 액면주식이라 하며, 액면가격표시가 없는 주식을 무액면주식이라 함. (예)액면금액을 기준으로 하여 년 6%로 한다. 6% par rapport à la valeur nominale, parvalue.
액면발행	émission au pair [정의]주식이나 채권의 발행 방법에는 액면을 초과한 금액으로 발행되는 할증발행과 액면가액으로 발행하는 액면발행, 그리고 액면미만으로 발행되는 할인 발행 등이 있음.
액면주	action avec valeur nominale [정의]회사의 정관과 주식의 권면에 액면금액이 기재되어 있지 않은 주식을 무액면주라고 하는데, 현재 우리나라에서 발행되고 있는 주식은 모두 액면주임.
약세장	marché à la baisse (영)bearish market
양도성 예금증서	certificat de dépôt négociable [정의]무기명 정기예금 형식으로 할인 발행돼 이를 소지한 사람이 자유롭게 양도할 수 있는 유동성이 높은 단기 금융상품.
양도성의	négociable
업종별주의 그룹	compartiment
연대채무자	débiteur solidaire
연차주주총회	assemblée générale annuelle
외국시장	marché étranger
외국인매입	achat de l'étranger
외국증권	valeur étrangère

외상거래 marché à terme

외화 devise (영)foreign currency

외환시장 marché des changes

우선배당 dividende prioritaire

우선주 action de priorité action à dividende prioritaire(ADP)

[정의]배당 가능 이익이 발생했을 때나 잔여 재산이 분배될 때 보통주에 우선해 배당이나 분배를 받을 수 있는 주식.

(영)preference share

운전자본, 경영자본 fonds de roulement

[정의]임금지불, 원료구입 등 기업이 사업을 추진하는데 있어 필요불가결한 자금으로, 설비증설이나 확충에 소요되는 설비자금과 대조되는 개념.

(영)working capital

유가증권 valeurs financières, valeurs mobilières, portefeuille-titre

유가증권처분이익 plus-value sur cession de valeurs mobilières

유동자산 actif circulant, mobile liquidités fonds disponibles, actif disponible (영)liquidity

유상 혹은 무상증자 l'augmentation de capital en contrepartie d'apports en numéraire ou en nature

은행의 유가증권 보유고 portefeuille d'une banque

의결권 droit de vote

[정의]주주가 주주총회에 참석하여 투표라는 절차를 통해 결의에 참여할 수 있는 권리.

(영)voting rights

의결권주식	actions avec droit de vote, actions donnant droit à voter

[정의]의결권이 부여된 주식. 의결권은 회사의 경영에 참가하고 그 지배권을 획득, 유지하는 기본적 권리임. 주식은 보통 한 주에 대해서 하나의 의결권이 부여됨. 그러나 외국에서는 특수한 경우 한 주에 대해서 다수의 의결권이 부여되는 다수의결권주 또는 하나 미만의 의결권이 부여되는 소수의결권주도 있음.

이동성예금(핫머니)	capitaux spéculatifs(fébriles)

[정의]각 국간 단기금리의 차이, 환율의 차이에 의한 이익을 획득할 목적으로 국제금융시장을 이동하는 매우 불안정한 단기자금. (영)hot money

이자평형세	taux d'égalisation de l'intérêt

[정의]국내이자율과 외국이자율과의 격차 때문에 일어나는 자본의 유출 또는 유입을 규제하기 위해 이자차액에 대해 과세하는 것

(영)interset equalization tax

이표채	obligation ordinaire obligation à coupons

[정의]액면가로 채권을 발행하고, 표면이율에 따라 연간 지급해야 하는 이자를 일정 기간 나누어 지급하는 채권

(영)coupon bond

인기주	valeur populaire active stock, popular share
인덱스펀드	fonds de placement basé sur l'indice des valeurs mobilières fonds indiciel

[정의]장기적투자에서 주식투자가 시장평균수익률을 상회할 수 없다는 가정에서 임의로 자산운용에 편리한 지수를 개발하고 지수에 따른 종목 별 비중에 따라 분산투자를 행함으로써 주식투자수익을 시장평균수익률에 접근시키려는 투자기법.

일류증권회사	firme de courtage de premier plan
일주의 액면총액	montant nominal d'une action
임시배당	dividende intérimaire

임시주주총회	assemblée générale extra-ordinaire (영)extra-ordinary shareholders meeting
자금조달, 융자, 출자	financement (영)financing
자기자본(주주지분)	capitaux fonds propres capital aux propres net (영)worth, equity capital, stockholder's equity
자본순환,자본유통	circulation des capitaux
자본유출	fuite des capitaux
자본을 늘리다	se procurer des capitaux
자산,재산, 자본(금)	actif, actifs, capital (영)asset, capital
자산가치	asset value
잔여청구권	créance de dernier rang créance résiduelle residual claim
장기자본	capitaux permanents (영)long-term capital
장기투자	placement à long, terme investssement à long terme
장부가격, 장부가액	valeur comptable, valeur comptable [정의]장부에 기재되어 있는 자산 · 부 · 자본 등의 가액
장외거래	hors cote [정의]증권거래소가 개설하는 정규적인 증권시장 이외의 모든 장소에서 이루어지는 증권거래. (영)outside dealing
장외시장	marché hors cote
수의계약	marché de gré à gré
장외주문	commande en coulisse

장외중개인 coulissier courtier en valeurs mobilières

재무분석사 analyste financier (영)financial analyst

저위주(낮은 시세의 주) valeur à basse cote valeur à faible cotepetite valeur

저평가된 déprécié

전기제품관련주 그룹 compartiment du matériel électrique

전미증권업협회 Organisme de Règlementation du Commerce des Valeurs Boursières

전환사채 obligation convertible

[정의]주식으로 전환할 수 있는 권리가 붙은 사채.

(영)CB(conversion bond)

전환하다 convertir

정관 statuts de société

[정의]회사의 조직 또는 행동에 관한 기본적인 규칙을 정한 것으로 회사의 발기인이 법정사항을 기재한 정관을 작성하고 전원이 기명, 날인하여야하며 주식회사의 정관은 공증인의 인증을 받음으로써 그 효력이 발생함.

(영)memorandum of association

정부발행채권 fonds d'Etat

정크본드 obligation pourrie obligation à haut risque

[정의]경영이 악화되어 부도 또는 도산의 위험이 높은기업이 자본조달을 위해 발행하는 채권.

(영)junk bond

제1장 première séance

제2장 seconde séance

종기시세	cours de clôture
종업원지주제도	actionnariat des salariés actionnariat ouvrier (영)employee stock ownership plan ESOP
주가	cours de la Bourse(영)stock price
주가 폭락	chute de la Bourse
주가변동, 유동	fluctuation des cours mouvement des cours moscillation des cours fluctuation des taux de change
주가수익비율	rapport cours, bénéfice [정의]주식가격을 한 주당 수익으로 나누어 산출. 이는 주가수준이 어느 정도인가를 판단하는 기준이 되며 낮을수록 주가가저평된 것을 의미. (영)(PER) Price Earning Ratio
주가의 상승	surcote hausse(être en hausse), la Bourse a monté
주가의 하락	décote
주가조작	manipulation
주괴(금괴)	lingot,(lingo d'or)
주당 순유형 자산	actif corporel net par action
주당 순익	bénéfice par action(BPA) [정의]순이익을 발행된 평균 주수로 나눈 것 (영)earnings per share(EPS)
주식	action titre valeur bousière (영)share,equity,stock
주식공모	souscription populaire (영)popular subscription
주식매매 주문	ordre de Bourse
주식모집	appel d'offres

주식발행 émission d'action

주식발행을 통한 자금조달 financement par capitaux propres financement par émission d'actions

주식발행인수인 souscripteur d'une émission d'action preneur ferme

(영)underwriter

주식배당 dividende payé sous forme d'action

주식옵션보상제 régime d'actionnariat plan d'option sur titres

주식의 변동폭제한 limitation des pourcentages de fluctuation

주식의 변동폭한도 limite de variaion des cours des actions

주식의 소각 remboursement des actions

[정의]주식회사가 자본금을 감소시키는 것으로 회사가 자사의 주식을 취득하여 소각하는 것을 말하며, 보통 분할 및 합병이나 사업축소, 결손금의 보전등을 위한 감자의 일환으로 행해짐.

주식의 종류, 수 및 내용 catégories, types des actions, nombre et descri -ption(caractéristique, particularité) des actions

주식의 투기매매를 하다 jouer à la Bourse, boursicoter, spéculer

주주 actionnaire porteur, détenteur des titres

(영)shareholder, stockholder

증권, 주식 titres

증권거래소(주식거래소) Bourse Bourse des valeursplace boursière marché des valeurs

(영)Stock Exchange, Stock Market

증권사 société de Bourse

증권시장 진흥책 mesure pour le développement du marché des actions

증권시장에 상장 cotation en bourse introduction en bourse

증권업계 milieux boursiers

증권중개인 courtier en valeurs mobilières

증권투자 placement en actions, placement en titres

investissement de portefeuille

증권회사 maison de courtage fmaison de titres, société de courtage

증자 augmentation de capital

[정의]자본을 늘리는 것을 의미하는데 일반적으로 신주의 발행을 통한 자본금의 증가에 의한 자금조달을 뜻함.

지방시장 marché régional

지불되지 않고 축적된 배당금 le dividende cumulé impayé

지주(투자)회사 société de portefeuille

지주회사 société de portefeuille, société mise en équivalence

[정의]주식(지분을 포함)의 소유를 통하여 국내회사의 사업내용을 지배하는 것을 주된 사업으로 하는 회사.

(영)holding company

차익거래 arbitrage trading

채권, 사채 créance, obligation

[정의]정부, 공공기관, 특수법인과 주식회사의 형태를 갖춘 기업이 일반대중과 법인투자자들로부터 비교적 거액의 장기자금을 일시에 대량으로 조달하기 위하여 발행하는 일종의 차용증서.

채무자 débiteur(trice)

초기시세	cours d'ouverture
총회	assemblée générale
최종장	dernière séance
출자	contribution, financement
출자금	capital engagé
출자하다	financer, contribuer
통화 시장	marché monétaire
통화안정증권	**통화가치를 안정시키기위해 한국은행이 시장 실세금리로 할인발행하는 채권.** (영)Monetary Stabilization Bond
투기거래, 투기매매	transation spéculative (영)speculation trading
투기하다	spéculer
투자신탁회사	société de placement(d'investissement à capital variable)
투자준비금, 투자기금	fonds d'investissement (영)investment fund
투자증권	valeurs en portefeuille valeurs de placement (영)investment securities
투자하다	investir
특별배당	extra-dividende, dividende exceptionnel mdividende supplémentaire, gros bénéfices à distribuer
파생금융상품	produits dérivés [정의]채권, 금리, 외환, 주식 등 기초금융자산으로부터 파생된 상품

파생금융상품 dérivatives

판매가격 prix de vente

판매주문 ordre de vente

포트폴리오 portefeuille-titre, portefeuille de valeurs, portefeuille de placement

[정의]분산 투자를 위해 여러 종류의 주식이나 채권에 투자된 증권들의 집합. 분산투자를 통하여 위험을 줄일 수 있기 때문에 이러한 포트폴리오가 구성됨.

(영)portfolio

투자포트폴리오 portefeuile foncier

(영)portfolio investment

풋옵션 option de vente

[정의]매수자가 매도자에게 지정된 날짜(만료일) 또는 이전에 미리 정한 가격(권리행사가격)으로 대상자산을 매도할 수 있는 권리.

(영)put option

프랑스증권 valeur française

하락, 침체 baisse, repli (영)down turn

경기가 어렵다 l'économie est morose

폭락, 추락 chute, dégringolade

헤지펀드 Fonds spéculatifs

[정의]고위험 · 고수익을 추구하는 투기적 성격의 국제자금으로 구성된 펀드.

(영)hedge fund

현금거래 marché au comptant

현금자산(현찰)	argent, liquide
현금흐름	cash-flow, flux monétaires (영)cash flow
현물거래	opération(transaction) au comptant
현물시장	marché au comptant, marché du disponible [정의]일반적으로 거래시점과 대금결제시점이 동일한 시장.
호가	cours [정의]거래소의 회원(매도자와 매수자)이 시장에서 매매거래를 하기 위하여 매도 또는 매수의 의사표시를 하는 행위. (영)quotation
홍콩선물거래소	HKFE(Honk Kong Futures Exchange)
화폐자본	capital monétaire [정의]화폐의 형태를 취한 자본. 보통 일반적인 자본의 형태. (영)money capital
환 통제(환 관리)	contrôle des changes
회사가 발행하는 주식수	nombre d'actions émises par la société
회사자본, 자본금(상장회사)	capital social, capital-actions
주가 수익률	multiple de capitalisation des résultats, ratio cours-bénéfice
주가지수	indice boursier (예)주가지수가 1700포인트를 넘었다. Les indices boursiers ont dépassé 1 700 points.
주식시장	marché des actions, marché boursier, Bourse (영)stock market

주식지급(배당)	paiement en actions
주식투자	investissement de portefeuille [정의]Ils sont constitués par des acquisitions d'actions, d'obligation ou autre valeurs mobilières.
희석주	action diluée
부동주	actions fluctuantes
예금주	titulaire du compte en banque
작전주	opérations boursières
하락세	tendance à la baisse
하락장	marché à la baisse
주주총회	assemblée générale des actionnaires
(증권거래소의) 파장(시세)	à la clôture (영)at the final bell
연말결산	clôture annuelle (영)annual closing
외환관리, 외국환 관리	contrôle des changes, réglementation des changes
시가, 시세	cours du jour (영)current market price
시세를 매기다	coter (영)to quote
상환일	date d'échéance, date de rachat (영)redemption date
소지자, 보유자	détenteur, porteur(au), titulaire de l'achor (영)holder, bearer

이중환율제	double marché des changes (영)two tier system
대출, 융자	prêt, emprunt (영)loan
경매	enchères, vente aux enchères (영)auction market
줄어들다, 감소	fléchir(cours), fléchissement, tassement, recul
상승 추세다	hausse(être en hausse)
값이 오르리라고 내다보고 사는 사람	haussier, spéculateur(trice) à la hausse
투자하다	investir
지렛대 효과	effet de levier (영)leverage
청산	liquidation
청산일, 결산일	jour de liquidation, jour du réglement (영)settling day
시장	marché (영)market
캐시마켓, 현물시장	opération au comptant, marché au comptant (영)spot , cash market
침제된 시장, 한산한 시장	marché terne
폭등하다, 급등하다	monter en flèche
협상하다	négocier (영)to trade (예)협상에 복귀하다. Revenir à la négociation. (예)협상을 거부하다. Avoir claqué la porte aux négociations . (예)협상테이블로 복귀. Revenir à la table des négociations.
주격, 실명	nominatif (영)registered

비상장된, 상장되지 않은 non coté (영)unquoted

채권, 사채 obligation, titre obligataire stocks(GB), bonds(US)

전환(轉換) 사채 obligation convertible en actions

보증채[보증사채] obligation cautionnée

무기명 채권 obligation au porteur

채권을 발행하다 émettre des obligations

입찰 soumission, offre d'achat (영)bid

보유주식 수 portefeuille d'actions (영)holding

수익 rendement (영)yield

자본을 조달하다 se procurer des capitaux (영)to raise capital

증권 회사, 종합 증권 회사, 증권 중개 회사 société de courtage

[정의]투자 은행업, 주식 매매 중개, 투자 운용 등 증권 업무 전반을 취급

(영)brokerage firm, house

주식인수인 souscripteur (영)subscriber

투기하다 spéculer (영)to speculate

—율 taux, pourcentage (영)rate

거래규모 volume des transactions (영)turnover

금융

보험

보험회사	comopagnie d'assurances
건강보험	assurance-maladie
산재보험	assurance contre les accidents de travail
상해보험	assurance contre les accidents
생명보험	assurance sur la vie
손해보험	assurance tous risque
실업보험	assurance contre le chômage
보험	assurance
보험금, 보상금	indemnité (예)보험금을 지급하다(타다). Verser(obtenir) une indemnité.
보험료	prime d'assurance

금융

금융

계좌동결	blocage, gel des comptes, blocage des comptes
계좌동결 해지	Déblocage des comptes.
금융기관 대출	faire appel à, recourir à, avoir recours à des prêts(crédits) bancaires (예)금융비용 감당할 수 없음. Ne pas avoir pu assurer le coût de financement.
금융사	société financière
금융시장	marché financier
금융업	activités financières
금융주	valeur financière
내국환	lettre de change pour l'intérieur d'un pays
당좌예금	compte courant
대체증서	mandat de virement
무이자	sans intérêt
보통예금	compte régulier
복리이자	intérêt conposés
어음환	lettre de change, traite, effet
예금통장	livret de banque
은행계좌동결	gel des comptes bancaires
이자소득	revenu des intérêt, rentes
이자율	taux d'intérêt

장기 고수익 프로젝트	projet hautement lucratif à long terme.
저축예금	compte d'épargne
정기예금	dépôt à terme
채권	créance
채권국	nation titulaire d'une créance, nation créancière
채무	dette, redevance, obligation financière
채무국	pays endetté(débiteur, redevable)
잉곳, 주괴	lingot (영)ingot
청약예금	dépôt de souscription
투자금융	financement d'investissements
투자비	frais d'investissements
투자수익율	taux de rendement d'un investissement
투자신탁	gestion de portefeuilles de valeurs mobilières, placeur(se)
투자액	somme d'investissement
투자율	taux d'investissement
투자은행	banque d'affaires, investissements
투자의 한계효율	efficacité marginale de l'investissement
투자자	investisseur
투자자본	capital(aux) investissement
투자회사	société d'investissement
파산관재인	syndic de faillite

금융

파산자	faille(e), banqueroutier(ère)
파산채무자	personne en faillite
파산청산인	syndic de faillite
할부금	dividende
할부금융	location-vente financière
할부금융사	agence financière de location-vente
할증금	prix majoré
할증료	prix majoré
현금	fonds, argent, espèces, argent, comptant
현금결제	règlement en espèces
현금화	changement en espèces (예)수표를 현금화하다. Changer un chèque en espèces.
화폐	monnaie, numéraire, espèces
화폐경제	économie monétaire(fiduciaire)
화폐단위	unité monétaire
확정금리 예금	taux d'intérêt fixe
환거래	transaction de change
환시세	cours du change
환시장	marché des changes
환조작	opération de change
환차손	perte due aux fluctuations du marché des devises

환차익	intérêts liés aux variations du taux de change
환환산표	tableau(x) de change

경영

기업

기업, 회사	entreprise, industrie, affaire société, compagnie, firme, maison, entreprise (예)기업들의 수익성을 악화시키다. Dégrader les profits des entreprises. (예)기업의 거의 전면적인 마비를 가져오다. Provoquer la paralysie quasi totale de l'entreprise.
컨설팅 업체	société de conseil
부실기업	entreprise insolvable, entreprise qui végète
민간기업, 사기업	entrepriseprivée compagnie, société, boîte(구어)
다국적 기업	entreprise multinationale, multinationale, société multinationale, firme multinationale, entreprise plurinationale [정의]다국적기업은 국제 직접투자의 한 특수한 형태로서 단순히 해외에 지점 또는 자회사(子會社)를 두고 있는 것이 아니라, 현지국적을 취득한 현지법인으로서의 제조공장 또는 판매회사를 가지고 있으며, 현지의 실정과 모회사(母會社)의 전략에 따라 움직이고, 공통적인 풀(pool)에서 자본 · 인적 자원 및 기술 자원을 공급하는 국제적인 조직망을 가지는 기업조직 또는 그 기업조직의 일환이다.
초국적 기업	société transnationale, firme transnationale [정의]초국적기업이란 동시에 한 개 국가 이상에서 중요한 생산을 행하면서 의사결정을 지역국가에 분권화시키고 있는 기업을 말하는 것으로서 네슬레사가 가장 대표적인 형태이다.
대기업	grande entreprise
중소기업	petites et moyennes entreprises,(P.M.E.)
영세기업	petite entreprise, entreprise artisanale
모회사	société mère

주식회사	société anonyme
합자 회사	commandite société en commandite
합명 회사	société en nom collectif
유한 책임 주식 회사	société à responsabilité limitée
무역회사	société de commerce extérieur
중소 조선회사	entreprise de petits et moyens tonnages
공기업	entreprise publique
신생기업	entreprise en démarrage, jeune pousse, jeune entre prise, entreprise nouvelle, entreprise lancée depuis peu
기업가(인)	entrepreneur(euse), chef d'entreprise, industriel
기업가 정신	entrepreneurship, entrepreneuriat, esprit d'entreprise [정의]Fonction d'une personne qui mobilise et gère des ressources humaines et matérielles pour créer, développer et implanter des entreprises.
기업주	propriétaire d'une entreprise, patron, patronne
기업화	industrialisation
기업활동	activités des entreprises
기업 경쟁력	compétitivité des entreprises
기업 문화	culture d'entreprise, culture d'organisation [정의]Ensemble des attitudes communes et des valeurs partagées par les membres d'une même organisation.

기업 시민	entreprise citoyenne, entreprise socialement responsable, entreprise sociétale, entreprise humaniste [정의]Entreprise qui se fixe comme principe d'éthique de servir à la fois les intérêts des actionnaires et propriétaires et ceux de la collectivité dans son ensemble, contribuant à la compétitivité globale du pays en cherchant à produire durablement une valeur ajoutée supérieure à la somme de ses coûts internes et de ses coûts externalisés.
기업군	groupe d'entreprise
기업연합(컨소시엄)	groupement, cartel, association, consortium
합작투자, 조인트 벤처	joint–venture
설립 동기	motivation pour l'ouverture
설립(개설) 요청	demande d'ouverture
설립(개설) 조건	condition d'ouverture
창업	inauguration d'une entreprise, établissement d'une société, démarrage d'entreprise démarrage de sociétés
창립자	fondateur(trice), créateur(trice), instaurateur(trice), instigateur(trice)
정관	status
법인	personne juridique, personne morale
법인체	personnalité juridique, personne morale [juridique], collectivité publique
영리법인	association à but lucratif

비영리법인	association à but non lucratif
사단법인	société à statut de personne juridique [morale], société civile
학교법인	établissement d'enseignement
재단법인	fondation juridique
공익법인	association d'utilité publique
본사	siège social, siège, maison mère
지사	succursale, section locale, bureau local
연락사무소	bureau de liaison
계열사	filiale
공증하다	légaliser
구매 명세서	bordereau d'achat
대출 명세서	bordereau de crédit
등록세	droit d'enregistrement
명세서	bordereau(x), rapport détaillé, détails, relevé, inventaire
보증금	caution
사본	copie
승인, 허가	approbation, agrément, acceptation
임시 사업허가	autorisation provisoire de travail
양식 작성	remplissage du formulaire
원본	originale(naux), document original

위임자	mandataire
임대 계약서	mandataire
증명서	certificat, document justificatif
차용 명세서	bordereau de débit
판매 명세서	bordereau de vente
회사소개	présentation de la société, prospectus
세금 면제	exonération fiscale
폐업	fermeture
파업	grève
파업기간	période de débrayage
파산선고	déclaration de faillite (예)파업기간 동안에 해당하는 급여를 지급하다. Payer intégralement leur mois de grève.
외국법인	personne juridique étrangère

경영

경영

경영	administration(d'une entreprise), direction(d'une usine), gestion(des affaires).
경영인	chef d'entreprise gérant(e), directeur d'affaires
경영권	droits de la direction
경영관	valeurs de gestion
경영난	difficulté administrative, problémes administratifs de gestion
경영주	gérant, chef de groupe, gestionnaire, dirigeant, administrateur, directeur
경제력(기관 · 기업)	puissance économique, potentiel économique
경쟁력	compétitivité, pouvoir concurrentiel
경쟁사	concurrent(e), entreprise rivale
인수합병	fusion-acquisition
기업 목표	objectif de l'entreprise
사업 목표	objectif d'affaires
기업 실적	performances de la société
경상비	frais généraux
경상세입	recette ordinaire
경상세출	dépense ordinaire
경상수지	balance des paiements
경상예산	budget ordinaire

시장 침투	pénétration du marché
시장 선점	occupation du marché
시장 선점 효과	effet d'occupation du marché
시장 점유율	part de marché
시장 점유율 분석	analyse de la part du marché
진입	entrer, pénétrer
시장 진입	entrer dans le marché, pénétrer dans le marché
진입 장벽	barrière
경쟁	concurrence
과다 경쟁	concurrence excessive
출혈 경쟁	concurrence à perte
회계감사	audit, vérification des états financiers, inspection des finances, contrôle des comptes, vérification d'un compte, examen des livres de comptes
회계사	comptable, agent comptable, trésorier, économe
흑자	excédent, bénéfice (예)흑자를 기록하다. Enregistrer un excédent. (예)흑자기조 유지하다. Les résulats de notre entreprise se sont nettement améliorés. (예)흑자전환에 성공하다. Notre groupe est passé de déficit à une situation excédentaire.
문어발식의	tentaculaire
부실채권	obligation à haut risque, obligation de pacotille

부진	recul, stagnation, ralentissement, effondrement, débâcle
생산기한	délai de fabrication
생산 투자	investissement productif
생산성 투자	investissement de productivité [정의]Investissement destiné à accroitre la productivité
생산 한계를 줄이다	reculer la limite de la production
생산력	capacité de production (예)생산력을 증대시키다. Augmenter la capacité de production.
생산량	volume de production
생산단계의 투명성	traçabilité
생산비	coût de production (예)생산을 외부에 발주하다. Externaliser la production.
빈도(손님) 수가 줄다	baisse(reprise) de la fréquentation
빈도(손님) 수가 늘다	reprise de la fréquentation
수익모델	source de revenu (예)새로운 수익 모델을 찾다. Rechercher de nouvelles sources de revenus.
영업력	savoir-faire commercial (예)우리의 영업력 강화하다. Renforcement de notre savoir-faire commercial.
비자금	fonds d'argent secrets, occultes, non déclarés

통합재무제표, 연결재무제표 état financier consolidé

대차대조표, 종합평가, 결산 bilan(inventaire) commercial(상업적 대차대조)

(예)balance sheet account : compte de bilan

특별회기 session extraordinaire

회계 compte, paiement, comptabilité

회계연도 année budgétaire

예산년도 année budgétaire

예산수정 révision du budget

예산심의(협의) délibération du budget

예산위원회 comité budgétaire

예산집행 application budgétaire

예산초과 dépassement du budget

예산편성 établissement du budget

위기관리 gestion des crises

(예) 만장일치로 의결을 통과시키다.
La résolution a été votée(adoptée à l'unanimité.

이사회 conseil d'administration directoire

(영)board of directors

이중장부 double livre de comptes

정기총회 assemblée ordinaire

정기회기 session régulière

임시총회 assemblée extraodrinaire

입금전표 reçu, récépissé, bulletin de versement

자본잠식	insuffisance de capitaux
자진납부	paiement volontaire
총수입	salaire brut(total)
총매상고	chiffre d'affaires
제2의 도약	nouvel(second) élan
가격대	éventail des prix
계약	contrat (예)계약을 따내다. Remporter un contrat.
계약갱신	renouvellement du contrat
탄탄한기반	base solide
재력, 자금력, 부	moyens
재무구조 개선	améliorer(redresser, redéfinir) la structure financière
재무적 리스크 해소	mettre un terme à, dissiper le risque
적자	déficit
막대한 적자	déficit important (예)프랑스 쪽의 막대한 적자. Un déficit important pour la France.
적자 상태	être au rouge
제안액	proposition (예)지속적인 재정체계를 수립하다. Lancer un mécanisme de financement pérenne.

직인	sceau dudit (예)채권단 보유 CB전환키로 결정하였다. Il a été décidé de convertir l'obligation convertible possédée par les créanciers. (예)추세가 계속되다. Cette tendance s'est poursuivie en 2005.
카리스마	charisme
큰손	gros bonnet (예)그는 재계의 큰손이다. Cet homme est un gros bonnet du milieu financier.
판매 카운터	comptoirs de vente
특허권	brevets, licences
판매권	droit de vente
판매량	volumes de ventes
판매원가	prix de revient
표준 깊이	profondeur standard
표준 너비	largeur standard
표준가격	prix standard
품질기준	normes de qualité
회사 고유의 상품	notre propre produit

경영

노동

취업규칙	règlement définissant les conditions d'emploi [정의]Règlement définissant les conditions de recrutement, d'emploi et de réumnération.
보수	rémunération
고용계약	contrat de travail
고용정책	mesures pour l'emploi
고용조건	conditions de travail, conditions d'embauche
작업환경	milieu du travail, environnement du travail
고용주, 고용자, 고용인	employeur(euse), patron(ne), patronat
고용하다	embaucher, employer
고정수입	revenu fixe
공동작업	travail collectif, travail d'équipe, travail en commun
총파업	grève générale
노동계약	contrat de travail
노동조합	syndicat ouvrier
노동집약산업	industrie à forte intensité de main d'œuvre
노동집약적	intensif en main-d'œuvre
노사 관계	rapports entre ouvriers(employés) et patron
노사 분쟁	conflits sociaux, conflit entre employeurs et employés
노사 협력	coopération entre partenaires sociaux

노사 협상	négociation entre partenaires sociaux
노조	syndicat (예)현대 직원들을 대변하는 노조와 경영진은 임시 합의(접점)을 찾았다. Le syndicat qui défend les salariés de Hyundai et la direction de l'entreprise ont trouvé un accord provisoire hier.
불법노동	travail illicite
사측	direction de l'entreprise
무급휴가	congé sans solde
보너스	prime un prime pour l'emploi, un plus
시간외수당, 잔업수당	indemnité(prime) pour les heures supplémentaires
여자직원	personnel féminin
직원, 피고용자, 종업원	employé(e)
정리해고	réduction de personnel
퇴직금	allocation de retraite
퇴직명예	retraite anticipée
퇴직수당	gratification de retraite
퇴직연금	retraite, pension
퇴직자	retraité(e)
퇴직정년	retraite par limite d'âge
조기퇴직	retraite anticipée
피고용인, 피고용자	employé(e), salarié(e)

경영

직제

인턴	stagiaire, apprenti(e)
사원	employé(e)(d'une entreprise), personnel de bureau, associé(e), sociétaire
신입사원	nouvel(le) employé(e), nouveau personnel
경리사원	employé du service de la comptabilité
주임	chef(de bureau, de service), directeur(trice), personne en charge
대리	chef en second
과장	directeur
차장	directeur général adjoint, sous-directeur(trice), souschef
부장	chef, directeur(trice)
이사	directeur général directeur(trice)
이사	directeur général
상무	administrateur(trice) délégué(e)
전무	administrateur(trice), gérant(e)
부사장	vice-président(e)
사장(회장)	président(e), directeur(trice), P.D.G.(président directeur général), chef(d'entreprise)
비서	secrétaire
회사	société, compagnie, firme, maison, entreprise, maison de commerce

교 육

교육제도

교육	éducation, instruction, enseignement, formation
교육제도	système d'enseignement, système scolaire
교육제도 조직화	organisation du système scolaire
초등 교육	enseignement primaire
중등 교육	études(enseignement) secondaires(sixième-terminale)
고등 교육	enseignement supérieur, études supérieures
국가 교육	éducatioin nationale
정규 교육	éducation, éducation formelle
비정규 교육	éducation non formelle
의무 교육	enseignement obligatoire
시민 교육	éducation à la civilité
미술 교육	éducation artistique, enseignement artistique
상업 교육	études commerciales
직업 교육	formation, formation professionnelle
평생 교육	formation continue, formation professionnelle continue
조기 교육	éducation à l'enfance
특수 교육	éducation spécialisée, éducation spéciale, orthopédagogie
원격 교육	apprentissage en ligne, apprentissage par Internet, apprentissage virtuel

면대면 교육	éducation face à face
대안 교육	éducation nouvelle
재교육	recyclage
공교육	éducation publique
사교육	éducation privée, enseignement privé
독학	autodidactique
과외	cours privé
학원	institut(privé), centre d'études, académie
교육 특구	zones d'éducation prioritaire(ZEP)
교육 개혁	réforme de l'enseignement, réforme de l'éducation
교육 기관	établissement d'enseignement, organisme d'enseignement
교육학	pédagogie
교육법	loi sur l'enseignement, loi scolaire
교육행정	administration de l'instruction publique
교육 과정	cursus, système scolaire, programme des cours, programme d'enseignement
교육시설	équipement scolaire
교육비, 학비	frais d'études, frais de scolarité
교육열	implication dans l'éducation de ses enfants
교육시키다	former, élever, éduquer

교육학자	pédagogue
평준화하다	niveler (예)하향 평준화하다. Niveler par le bas.
획일적	monolithique

교 육

학교

학교	école
폐교	école fermée, école abandonnée, fermeture del' école
임시휴교	fermeture temporaire
남녀공학(학교)	école mixte, enseignement mixte
국립학교	école nationale
공립학교	école publique
사립학교	école privée(libre)
국제학교	école internationale
예술 중학교	collège des arts
예술 고등학교	lycée des arts
부속고등학교	lycée annexe
교장실	salle du directeur(trice), salle du poviseur
교감실	salle du sous-principal(aux), salle d' adjoint au chef d'établissement
교무실	salle des professeurs
교무과	bureau de direction
서무실	bureau(x) d'administration
상담실	cabinet de consultation, acceuil des étudiants
자습실	salle d'étude
도서관	bibliothèque

과학실험실	laboratoire(d'une école)
컴퓨터실	salle informatique
시청각 교육실	salle audio-visuelle
보건실, 양호실	infirmerie(de soins préventifs)
강당	salle de réunion, auditorium
교내 식당	cantine(réfectoire) d'une école
교사 휴게실	salle de repos(de détente) des professeurs
학생 휴게실	salle de repos(de détente) des élèves
체육관	gymnase, salle de gymnastique, salle de sport, salle omnisports
모범학생	élève modèle
출석	présence
출석 인원	assistance, personnes présentes
출석 체크	contrôle des présences
출석을 부르다	faire l'appel
결석	absence (예)수업에 결석하다. Manquer la classe, être absent à un cours, ne pas assister à un cours.
무단 결석	absence sans autorisation préalable, absence sans avertir
자퇴	abandon volontaire(de l'école, de sa scolarité)
퇴학	abandon des études
정학	renvoi(exclusion, suspension) temporaire d'un éléve

초등학교	école primaire(élémentaire)
초등학교 1학년(예비과정)	cours préparatoire(CP)
초등학교 2학년	cours élémentaire 1er(CE1)
초등학교 3학년	cours élémentaire 2ème(CE2)
초등학교 4학년	cours moyen 1er(CM1)
초등학교 5학년	cours moyen 2ème(CM2)
중학교	école secondaire, collège (예)중학교 진학 전날. A la veille de son rentrée au collège.
중학교 1학년	sixième(6ème) (한국의 초등학교 6학년)
중학교 2학년	cinquième(5ème) (한국의 중학교 1학년)
중학교 3학년	qatrième(4ème) (한국의 중학교 2학년)
중학교 4학년	trosième(3ème) (한국의 중학교 3학년)
중등교육 학력증	brevet
고등학교	lycée
고등학교 1학년	second(2nd)
고등학교 2학년	première(1ère)
고등학교 3학년	terminal
교사	instituteur, institutrice

교장	directeur(de lycée), directeur de l'école
교직원	personnels enseignants et administratifs
학생	élève
초등학생	écolier(ère)
고등학생	lycéen(ne)
중학생	collégien(ne)
대학생	étudiante
입학	entrée
입학금	frais d'inscription
입학식	cérémonie d'entrée
졸업	fin d'études
졸업식	cérémonie de la remise(distribution) des diplômes, cérémonie de fin d'études
동창	camarade d'école, compagnon d'études, condisciple
동창회	association des anciens élèves
모교	ancienne école
학기	semestre(2학기제), trimestre(3학기제)
새학기	la rentrée
학사일정	programmes scolaires
방학	vacances
봄방학	vacances de printemps

여름방학	vacances d'été
겨울방학	vacances d'hiver
소풍	excursion
견학	voyage d'études, visite
강의, 수업	classe, cour (예)강의를 화상으로 내보내다. retransmission du cours en vidéo.
쉬는시간	récréation
점심시간	déjeuner, heure du déjeuner, pause de midi
실무과정	brevet de technicien supérieur(BTS)
실용외국어	langue vivante
외국어	langue étrangère
시험	examen, essai, épreuve
중간고사	examen partiel
기말고사	examen semestriel
점수	note (예)좋은 점수를 받다. Obtenir de bonnes(mauvaises) notes, bons résultats. (예)입학허가를 받다. Demande d'inscription est admise, être admis(e). (예)진로를 대해 다시 생각해보다. Revoir son orientation. (예)다른 진로 계획을 모색하다. réfléchir à un autre projet option.
평균점수	note moyenne
평균 이상의 점수	note supérieure à la moyenne
평균 이하의 점수	note inférieure à la moyenne

학업성적	résultats, notes
공문(가정통신문)	lettre (예)공문을 발송하다. Expédier des lettres.(가정통신문)
사회성	compétences sociales
체력	forces(capacités) physiques
체육	éducation physique(sportive)
체육활동	activités sportives ou(physiques)
불어 교육(교습)	enseignement de la langue française
외국어로서 불어교육	Français Langue Etrangère(FLE)
체벌	châtiment corporel

교 육

유학

유학	études à l'étranger, voyage d'études, aller faire ses études (예) 대학 대신 외국에 유학가다. Abandoner l'idée de poursuivre les études universitaires et s'envoler à l'école à l'étranger.
주거보조금	allocation de logement
주거개인지원금	aide personnalisée au logement
가족 수당기금	caisse d'allocation familiale
대학 기숙사	cité universitaire
학생복지센터인	centres régionaux des oeuvres universitaires et scolaires(CROUS)
사회보장제도	sécurité sociale
최저 임금	salaire minimun interprofessionnel de croissance (SMIC)
지역 노동 고용부	direction départementale du travail et de l'emploi (DDTE)
임시 노동 허가	autorisation provisoire de travail
시청	mairie
경시청	commissariat de police
도,군청	prefecture et sous-préfecture
고용인	salarié
전국 대학 스포츠 협회	fédération nationale du sport universitaire
학생보험	mutuelle étudiante

등록(재학)증명서	attestation d'inscription
입학허가 증명서	certificat d'admission
사전입학 요구 신청서	demande d'admission préalable
대형강의	cours magistraux(CM)
실습	travaux pratiques(TP)
지도수업	travaux dirigés(TD)
전공단위	module
유럽연합 공동학위체계	(LMD)
대학 연계 교육기관	instituts universitaires de techonlogie(IUT)
고등 기술자 자격증	brevet de technicien supérieur(BTS)
그랑제꼴	grande(s) école(s)
장기 체류 비자	visa de long séjour
체류증	titre de séjour

교 육

대학

전문성 제고	renforcement du professionalisme(de la spécialisation)
교수	professeur, enseignant
부교수	professeur associé
조교수	professeur assistant
정교수	professeur titulaire
명예교수	professeur émérite(honoraire)
명예박사	docteur honoris causa
일반대학과정자격증	diplôme d'études universitaires générales(DEUG)
학사	license(3년)
학사 학위	licence
석사	master(2년)
석사논문	mémoire de maîtrise
석사 학위	maîtrise
석사과정	cours de maîtrise
박사	doctorat(3년)
박사논문	thèse de doctorat
국가학위	diplômes nationaux
특별학위	diplômes spécifiques
박사준비과정	Diplôme d'Etudes Approfondies(DEA)
박사과정	cours de doctorat

(박사)학위 논문	thèse de doctorat
논문	thèse
대학원 과정	3ème cycle
대학교	université, faculté, école supérieur
국립대학	unversité nationale
사립대학	université privée
명문대학	univesité cotée(prestigieuse, réputée) (예)명문대를 나오다. Sortir d'une université prestigieuse.
전문대학	Institut Universitaire Techonologique(IUT), école supérieure d'une durée d'études de deux ans
지방대학	universités hors Séoul
노인대학	université du troisième age
농과대학	faculté d'agronomie
문과대학	faculté des lettres
인문대학	faculté des sciences humaines
인문사회(과학)대학	faculté des sciences et des lettres
미술대학	faculté des beaux-arts
법과대학	faculté de droit
교육대학(사범대학)	école normale d'instituteurs
경영대학	faculté de gestion
공과대학	faculté de technologie

사범대학	faculté de pédagogie
정경대학	faculté de sciences politiques
음악대학	faculté de musique
의과대학	faculté de médecine
이과대학	faculté de sciences
사회과학대학	faculté de sciences sociales
생활과학대학	faculté des sciences de la maison(des arts ménagers)
자연과학대학	faculté de sicences naturelles
전공	spécialité, domaine, dicipline
부전공	option
치의학, 치과학	odontologie
카이스트, KAIST	KAIST(Institut avancé de sciences et technologies de Corée)
한국정보통신대학교	(ICU)Université de l'information et de la communication (영)Information and Communications University
국립 행정학교	Ecole Nationale d'Administration(ENA)
학장	doyen
의과대학 학장	doyen de la faculté de médecine

교육

입시

입학	entrée, admission
입시공부	études préparatoire au concours d'entrée
입학시험	examen d'entrée, concours d'entrée
입학자격	condition d'admission
입학전형	modalité d'inscription
응시자	candidat(e), demandeur, postulant(e) (예)시험응시자. Candidat(e) à un examen.
모집	admission
정원	quota, nombre de personnes fixé, nombre de personnes limite, nombre de place, contingent déterminé
경쟁률	taux d'admissibilité
성적	résultat, bulletin
재학 증명서	certificat de scolarité
졸업 증명서	diplôme de fin d'études, certificat de fin d'études
간신히	à l'arraché, de justesse
그랑제꼴 준비반	classes préparatoires
대학 서열화	hiérarchisation des universités
대학 입학시험	concours d'entrée à l'université, concour d'entré universitaire (예)입학시험에서 불합격하다. Echouer au concours d'entrée.
수학능력	compétence scolaire

대학 수학능력시험(수능시험)	examen préparatoire à l'entrée à l'université, baccalauréat coréen (예)원서 제출하다. Déposer un dossier de préinscription.
당면과제(명령)	injonction exigeante
과열경쟁	compétition excessive
무교육자	personne sans éducation, personne non éduquée
무자격자	personne non-qualifiée
유자격자	personne qualifiée
장학생	boursi, élève boursier(ère)
장학금	bourse(d'études)
전액장학금	bourse entière
반액장학금	demi-bourse
국비장학금	bourse d'État
바칼로레아	baccalauréat [정의] 프랑스의 후기 중등 교육 종료를 증명하는 국가시험. 동시에 대학 입학 자격시험도 된다. (예)바칼로레아를 취득한 신입생을 입학시키다. Accueillir tout bachelier.
자격증	titre, certificat, diplôme, brevet, carte de qualifi-cation

의학

건강

(초기단계)비만	embonpoint
거식증	anorexie (예)게걸스럽게 먹다. Dévorer avec voracité, ingurgiter, manger goulûment. (예)남의 음식을 뺏어먹다. Avoir l'habitude de piger dans l'assiette des autres.
거식증 환자	anorexique
건강상태 악화	altérations de la santé (예)건강과 성장에 좋다. Etre jugé bon pour la santé et la croissance.
검진	examen, analyse (예)이러한 검진을 실시하다. Mettre en oeuvre ces examens.
고칼로리 식품	aliment riche en calories
저칼로리 식품	aliment pauvre en calories (예)매일 많은 칼로리를 섭취하다. Ingérer quotidiennent des rations caloriques très levées. (예)골고루먹다. Diversifier son alimentation.
간접흡연	tabagisme passif (예))많은 한국인들은 간접흡연의 위험성에 대해 인식하지 못한다. Beaucoup de coréen n'ont pas conscience des dangers du tabagisme passif. (예)공공장소에서의 흡연금지에 찬성하다. Soutenir l'interdiction de fumer dans les lieux publics.
과도한 스트레스	excès de stress
과식	excès alimentaire, excès de table, surconsomation d'aliments, manger excessivement

과체중	surpoids (예)프랑스에서 성인중 1명이 과체중이다. Un adulte sur 5, en France, est en surpoids.
근시	myopie
난시	astigmatisme
근력	force musculaire
지구력	endurance
근지구력	endurance musculaire
기초체력	base physique, condition physique élémentaire
금연규정	interdictions de fumer (예)금연규정을 준수하다. Respecter les interdictions de fumer. (예)프랑스에서 금연규정이 늘 지켜지는 것을 아니다. Les interditions de fumer ne sont pas toujours respectées en France. (예)금연조치를 시행하다. Mettre en place une interdiction de fumer. (예)모든 공공장소에서 흡연을 금지하다. Interdir le tabagisme dans tous les lieux publics.
내분비계요인	facteurs endocrinologiques
내장지방	graisse viscérale (예)내장지방을 주의하다. Surveiller la graisse viscérale.
다이어트 식품	aliment diététique (예)다이어트(일정을)를 잘 지키고 있다. Faire un régime(se mettre au régime, bien mener un régime.)
다이어트, 체중감량	régime perte de poids
황제 다이어트	régime dit de Atkins

의학 • 건강

다이어트 산업	industirie du régime
대변검사	analyse de fèces(selles)
	(예)도로 살이찌다. Reprendre les kilos perdus.
동물성 기름	graisses animale
뚱뚱한	corpulent, gros
면역(성)	immunité
	(예)면역 반응 능력이 억제된(사람). Immunodéprimé(e).
면역검사	test d'immunité
면역결핍	carence immunitaire
면역력	immunité
면역반응	réaction d'immunité(immunitaire)
면역억제	imminosuppresseur
면역요법	immunothérapie
면역체	corps immunisé
면역체계	système immunitaire
면역혈청	sérum immunisant, immuno-sérum
	(예)몸매를 가꾸다. Soigner la ligne.
	(예)몸매를 유지하다. Garder la ligne.
뱃살(일반적으로 부르는)	poignée d'amour, ventre roud
	(예)뱃살이 늘어나다. Surcharge en graisses au niveau de l'abdomen.
복부비만	obésité abdominale
불규칙적인 식사	perte des rythmes alimentaires

(예)식사를 자제하는 것이 좋다.
Le mieux est de vous abstenir autant que possible de manger.

(예)특정한 음식을 먹은 후.
Suite à la consommation d'aliments spécifiques.

(예)식사량을 줄이다. Diminuer les rations alimentaires.

(예)식사를 거르다. Sauter des repas.

비만 obésité

[정의]obésite : une conséquence de la sédentarité
(예)비만은 불임가능성을 높이다. Obésité accroît le risque d'infertilité.
(예)비만을 다스리다. Gérer son obésité.
(예)비만퇴치 하다. Lutter contre l'obésité.
(예)비만에 효과적이다. Etre bon contre l'obésité.
(예)살찌지않기위해. Pour ne pas grossir.

비만 합병증 complications de l'obésité

비만의 가족력 histoire familiale d'obésité

비만증 환자 personne obèse

상체비만 obésité gynoïde

생리불순 irrégularité dans les périodes de menstruations

생활습관 변화 les modifications comportementales

섭취 ingestion

소변검사 analyse d'urine

소아비만 obésité infantile, obésité chez l'enfant, enfant(e) obèse

소화 digestion

수액 solution de perfusion

수혈	transfusion du sang, transfusion sanguine
숙면	sommeil profond, profond sommeil
순발력	promptitude, immédiateté dans la réaction
순환	circulation
스트레스 부상	rupture de fatigue, fracture(blessure) de stress
시력	vue
시력검사	examen ophtamologique, test optométrique
식도락	gastronomie
식욕감퇴	diminution d'appétit
식욕상실	perte d'appétit (예)식욕상실은 누구에게나 찾아올 수 있는 흔한 증상(문제)이다. La perte d'appétit est un problème courant qui peut survenir chez n'importe qui.
식욕증진	augmentation d'appétit
식이요법	régime diététique
심전도검사	électrocardiogramme, électrocardiographie
악력	pression
악력계	dynanomètre de pression
요요현상	phénomène yoyo
운동부족	manque d'activités physiques
운동부하검사	épreuve d'effort, épreuve de résistance à la fatigue
운동신경	nerfs moteurs

운동요법 exercise physique

운동처방 prescription d'exercice

(예)운동하며 땀흘리는 것이 도움이 된다.
Transpirer en faisant du sport eut s'avérer salutaire, bénéfique avoir des effets bénéfiques.

원시 hypermétropie

(예)위험을 줄이다. Réduire[diminuer] le risque.
(예)유혹에 넘어가지 않기 위해서(음식).
Pour ne pas céder à la tentation.

육체적 건강 santé physique

(예)의욕상실 한 사람. Personnes manquant de volonté.

이상적인체중 poids idéal

(예)이상적인 체중 계산. calcul du poids idéal.

이중턱 double menton

(예)이중턱을 줄이다. Diminuer un double menton

인스턴트 식품 produits instantanés

장력계 tensiomètre

잦은 군것질 grignotage continuel

(예)잦은 군것질을 줄이다. Freiner le grignotage continuel

저혈압 hypotension, basse tension

(예)적정한 체중을 유지하다. Se maintenir à un poids stable.

지방세포 축적 accumulation de tissus graisseux

지방조직 tissu adipeux,graisseux

지방질 corps gras

지방흡입술 liposuccion

(예)지방흡입수술을 받다. Subir une liposuccion.

집안에 갇혀 지내는 생활 sédentarité

청력 acuité auditive, audition

청력저하 baisse d'audition

체질량지수 IMG(Indice de masse grasse)

[정의]Un indice, exprimé en pour-cent, permettant de juger de la proportion de tissus adipeux d'un homme adulte, qui rend compte de la disproportion entre la masse de graisse et celles des muscles.

(영) BMI

초음파 검사 échographie

클리닉 clinique

통통한 rond

폐활량 capacité thoracique vitale, capacité pumonaire, capacité respiratoire

피하지방 graisse sous-cutanée

[정의]La liposuccion : aspiration des excès de graisse sous-cutanée.

하체비만 obésité androïde

허리둘레 tour de taille

헌혈 don de sang, don sanguin

혈당 농도의 변화 variations du taux de glucose sanguin

혈당(치)	glycémie, taux de glucose sanguin [정의]La glycémie est le taux de glucose ou de sucre dans le sang.
혈당측정기	lecteur glycemique
혈압	tension(pression) artérielle (예)혈압을 재다. Prendre la tension. (예)혈압이 높다. Avoir de la tension.
혈액검사	analyse de sang
후유증	séquelles, effets secondaires
자기공명영상술	imagerie par résonance magnétique(IRM) (영) MRI
엑스레이 검사	radiographie (영) X-ray

의학

영양

과당	fructose
국가건강영양프로그램	Programme National Nutrition Santé
규칙적으로 먹다	manger réguliérement
기초대사량	métabolisme de base
완전영양물	nutriment (예)많은 영양을 가져다준다. Apporter de nombreux nutriments.
단백질	protéine
당염	glucide
비타민	vitamine
비타민 부족	carences en vitamines
설탕함류량	quantité de sucres
섬유질	fibres alimentaires
소아당뇨	diabète infantile
식량부족	carence alimentaire, pénurie alimentaire
식물성 기름	huiles végétales
식이요법	régime alimentaire, régime diététique
아미노산	acides aminés
에너지를 내는	ergogène
열량(칼로리)	calorie
영양권장량	apports nutritionels conseillé

영양과다	excès de nourriture
영양불균형	déséquilibre alimentaire
영양학자	nutritionniste, diététicien
영양사	diététicien, nutritionniste
영양성분	contenu nutritionnel (예)영양성분의 표시하다. Afficher le contenu nutritionnel.
유당	lactose
인슐린	insuline
적절한 식사	consommation alimentaire modérée
전분질 야채	féculents
조미료	assaisonnements
지방분해	lipolyse
지방산	acides gras
지방함유량	quantité de graisses
지질	lipide
채식주의	végétalisme, végétarien(ne)
채식주의자	végétarien(ne)
철분	fer
칼로리함유량	apport calorique
칼슘	calcium
콜레스테롤	cholestérol

콜레스테롤 과다	hypercholéstérolémie
콩과(식물)	légumineux
탄수화물	hydrate de carbone
포도당	glucose
헤모글로빈	hémoglobine
효소	enzyme

의학

의료

감염 환자수 — nombre d'infections

(예)감염 환자수가 다시 증가하다.
Le nombre d'infections tend à repartir à la hausse.

개인병원 — clinique

건강전문 사이트 — site internet spécialisé en informations sur la santé

건염 — tendinite, ténosite

겔로스 — gélose

공생동물[식물] — commensal(ale, aux)

과산화물 — eau oxygéné, peroxyde d'hydrogène

보건 장애 대변인 — secrétariat d'État à la Santé et aux Handicapés

(예)당뇨병은 공공보건의 주요 우선해결과제이다.
Le diabète constitue à l'une des principales priorités de santé publique.

정신질환 친구가족 모임연합 — Union Nationale des Amis et Familles de Malades Psychiques(UNAFAM)

내번 — inversion(anatomique)

농축, 농도 — concentration

눈물, 누액 — larme

대마초 — cannabis

대학병원센터 — centre hospitalier universitaire(CHU)

대한스포츠의학회 — association coréenne de la médecine sportive

동류성, 유사점, 공통점	parenté
락트산, 젖산, 유산	acide lactique
링거, 링거액	perfusion, goutte-à-goutte, solution de Ringer
마리화나	marijuana
마약	drogue
머큐로트롬	mercurochrome
모르핀	morphine
배양(세균, 조직의)	culture
배지, 배양기	milieu de culture
베타딘	bétadine
병상	lit du malade
병원	hôpital
병인(론)의	étiologique
보건소	service de santé publique
보호 받을 권리	droit à la protection (예)각 개인마다 정신건강을 보호 받을 권리가 있다. Chacun a droit à la protection de sa santé mentale.
부목	attelle, éclisse
분비(작용), 분비물	sécrétion
분열, 분리	scission, fissure, gerçure
분자형성(두 DNA 조각으로부터의)	hybridation

비슷한, 유사한	apparenté(e)
생화학	biochimie
수간호사	chef infirmierère, infirmière en chef
수명	espérance de vie
시험관 내에서	in vitro
신생아	nouveau-né
심장판막	valvule cardiaque
심장판막증	cardiopathie valvulaire, valvulopathie
아르기닌	arginine [정의]아미노산의 일종
아탈구	subluxation
아편	opium
악화되다	être altéré
안압	tension oculaire
알칼리화	alcalinisation, alcalisation
유기물 합성(생체 내의)	biosynthèse
유발점	point déclic(myalgique)
의료보험	assurance maladie
의료사고	accident médical
종합병원	centre hospitalier, hôpital général
의료진	corps médical; équipe médical

의식 불명(의식을 잃다)	coma, être dans le coma
일반개업의사	médecin de cabinet médical
입원	hospitalisation
입원수속	formalités d'hospitalisation
전국근로자질병금고	Caisse Nationale de l'Assurance Maladie des travailleurs salariés(CNAMTS)
전문의 면허	diplôme de médecin spécialiste
제약업계	industrie pharmaceutique, compagnie pharmaceutique
주(배양 세균의)	souche
주치의	médecin traitant
지배적인 역할	rôle prépondérant
지시약의 색 변화	virage
집단, 군집(동물 따위), 취락(세균의)	colonie
청진기	stéthoscope
체온계	thermomètre
체중계	balance, pèse-personnes
침	aiguille
코카인	cocaïne
퇴원	sortie de l'hôpital
퇴원수속	formalités de sortie de l'hôpital

페하(수소이온 지수)	pH(복수불변)
포타딘	potadine
품종, 변종	variété
필로폰	méthamphétamine
항생물질 시험(법)	antibiogramme
항원의, 항원을 만드는, 항원이 되는	antigénique
헤로인	héroïne

의학

인체

가슴	poitrine
가자미근	muscle soléaire
갑상선	thyroide
게놈	génome [정의]생물의 생존에 필요한, 기본수로 이루어지는 한 쌍의 염색체
겨드랑이 신경, 액와신경	nerf axillaire
경골, 정강이뼈	tibia
경골몸통, 경골체, 경골간	diaphyse tibiale
고관절	articulation de la hanche, articulation coxo-fémorale
관절	articulation
교근	muscle de la mâchoire, muscle masséter
궁둥신경	nerf grand sciatique
근육	muscle
깊은종아리신경	nerf péronier profond, péronier proximal profond
내전근	muscle adducteur, adducteur
뇌신경, 두개신경	nerfs crâniens
눈둘레근, 안륜근	muscle orbiculaire
늑간신경	nerf intercostal
다리	jambe
대장	intestin gros

대퇴부	cuisse
대퇴비스듬근, 봉공근	muscle couturier, couturier
대퇴신경, 넙다리신경	nerf fémoral
대퇴직근	muscle ischio-jambier
대흉근	grand muscle pectoral, grand pectoral
뒷목	nuque
등세모근, 승모근	muscle trapèze, trapèze
머리	tête
무릎	genou
무릎관절	articulation du genou
반건양근	muscle semi-tendineux
반월상연골, 반월연골	ménisque
발	pied
발가락	orteil
발꿈치	talon
발목	cheville
발목관절	articulation de la cheville, articulation tibio- tarsienne
발목관절인대	ligament tibio-tarsien, ligament de la cheville
발바닥근, 족저근	muscle plantaire
벽	paroi
복부	abdomen

복직근	muscle rectus abdominis, muscle rectal
비골신경	nerf péronier
비복근	muscle gastrocnémien, muscles jumeaux du triceps
뼈, 골	os
삼각근	muscle deltoïde
상완근	muscle brachial antérieur
상완삼두근, 삼두박근	muscle triceps brachial
상완요골근	muscle huméro-stylo-radial, muscle long supinateur, muscle brachioradialis
상완이두근, 이두박근	muscle biceps brachial
생식의, 생식기의	génital(ale, aux)
서혜부, 사타구니	aine
세포벽	paroi cellulaire
소장	intestin grêle
쇄골	clavicule
쇄골중앙선	ligne médioclaviculaire
수지신경	nerf digital
시신경	nerf optique
신경	nerf
신경근	racine nerveuse, racine du nerf
신장, 콩팥	rein

신진대사	métabolisme
신진대사의	métabolique
신체	corps
십자인대	ligament cruciforme
아킬레스건	tendon d'Achille
얕은 종아리 신경	nerf péronier superficiel
어깨	épaule
엉치신경	nerf sacrés
연골	cartilage
연골막	périchondre
연조직, 연부조직	tissu mou
온종아리 신경	nerf sciatique poplité externe, nerf péronier commun, nerf fibulaire commun
외전근	muscle abducteur
요골	radius
요골신경	nerf radial
원회내근	muscle rond pronateur
위	estomac
위벽	paroi de l'estomac
위의	gastrique
유기체	organisme

이관의, 나팔관의	tubaire
인대	ligament
자궁경관의	cervical(ale, aux)
자뼈, 척골	ulna, cubitus
장	intestins
장골	os iliaque
장골하복신경	nerf grand abdomino-génital, nerf iliio-hypogastrique
장딴지신경, 비복신경	nerf sural(saphène)
장비골근	muscle long péronier latéral
장지신근, 긴발가락 펴짐근	muscle long extenseur des orteils
전두근	muscle frontal
전립선의	prostatique
정중신경	nerf médian
종아리	mollet
종아리뼈, 비골	fibula, péroné
중족골	os métatarsien
질의	vaginal(ale, aux)
척골신경	nerf cubital
척추신경	nerf vertébral
체중, 몸무게	poids (예)체중에 신경쓰다. Surveiller son poids. (예)체중증가. Prise de poids.

코뼈, 비골	os nasal
판	plaque
세포판	plaque cellulaire
팔	bras
폐쇄신경	nerf obturateur
항체	anticorps
콩팥, 신장	rein (예)신장이 아프다. Avoir mal aux reins.
허리신경, 요수신경, 요신경	nerf lombaire
혈액	sang
혈액순환	circulation de sang
혈액순환 장애	problème de circulation sanguine
후근	racine dorsale
후두근	muscle laryngé(occipital)
흉쇄유돌근, 목빗근	muscle sterno-cléido-mastoïdien
힘줄, 건	tendon

의학

진료과

간병인	garde-malade
간호사	infirmier, infirmière
과	service
내과	médecine générale
내과의사	médecin généraliste
마취과	service d'anesthésie
마취과의사	anesthésiste
면역병리학	pathologie immunité
방사선과	radiologie
방사선과의사	radiologue
부인과	gynécologie
부인과 의사	gynécologue
비뇨기과	urologie
비뇨기과 의사	urologue
산과	obstétrique
산과의사	obstétricien(ne)
소아과	pédiatrie
소아과 의사	pédiatre
스포츠의학	spécialiste en médecine sportive
신경과	neurologie

신경과 의사	neurologue, neurologiste
신경외과	neurochirurgie
신경외과의사	neurochirurgien
안과	ophtalmologie
안과의사	ophtalmologiste, ophtalmologue
예방의학	médecine préventive
예방의학의사	spécialiste en médecine préventive
외과	chirurgie
외과의사	chirurgien
응급의학과	urgences
응급의학과의사	médecin de médecine d'urgence
이비인후과	oto-rhino-laryngologie(O.R.L.)
이비인후과 의사	oto-rhino-laryngologiste
일반외과	chirurgie générale
일반외과의사	chirurgien généraliste
재활의학과	médecine de rééducation fonctionnelle
재활의학과의사	médecin rééducateur
정신과	psychiatrie
정신과 의사	psychiatre
정형외과	orthopédie
정형외과 의사	orthopédiste

치과	dentisterie, service dentaire, dentiste
치과의사	dentiste
피부과	dermatologie
피부과 의사	dermatologue, dermatologiste
혈청학	sérologie
호흡기병학	pneumologie
흉부외과의사	chirurgien thoracique
흉부외과	pneumologie

의학

질병

요도의	urétral(ale, aux)
(3개의 항바이러스를 결합한) 에이즈 치료(법)	trithérapie
간암	cancer du foie
감염되다, 앓다	être toucher
이차감염	infection secondaire
고통스러워하다	souffrir
건파열	rupture de tendon
경련	spasme
경색	infartus
경직	crampe
고관절탈골	luxation de la hanche
고혈압	hypertension
골관절염	ostéo-arthrite, arthrose, arthrite par usure
골절	fracture
공해병	maladie due à la pollution de l'atmosphère et des eaux (예)과도하게 활동적이다. Il est hyperactif.
관절염	arthrite
구강암	cancer de la bouche, cancer de la cavité buccale
구토	vomissement
귀울림, 이명	bourdonnement, acouphène

근막손상	blessure myo-fasciale
근육통	myalgie, douleur musculaire
근육피로	fatigue musculaire
근파열	rupture(déchirure) musculaire, rupture d'un muscle
급성	aigu
급체	indigestion soudaine, subite
기침	toux
긴장성 두통	céphalée de tension
나팔관염	salpingite
난소암	cancer de l'ovaire
내출혈	hémorragie interne
뇌좌상	contusion cérébrale
뇌진탕	commotion cérébrale
뇌출혈	hémorragie cérébrale
달팽이관 청세포 손상	détruire des cellules de la cochlée
당뇨병	diabète
	(예)프랑스에서는 약 250만명이 당뇨병을 앓고 있다. Le diabète touche en France environ 2,5 millions de personnes.
	(예)당뇨병은 심혈관 질환에 걸릴 위험성을 꾸준히 높이고 있다. Le diabète augmente considérablement le risque cardio-vasculaire.
세계 당뇨병의 날(11월 14일)	journée mondiale sur le diabète
당뇨병 환자	diabétique

대장암	cancer de l'intestin
돌연사	mort subite
동맥경화증	sclérose artérielle
두드러기	urticaire
두통	maux de tête, migraine, céphalée
마이코 플라즈마	mycoplasme [정의]마이코 플라즈마 바이러스와 세균의 중간성질을 가진 미생물로서 호흡기와 비뇨기 염증을 일으킴
만성	chronique
만성 고혈당	hyperglycémie chronique
멀미	mal des transports
멍	bleu, contusion, ecchymose
무릎부상	blessure du genou
발목 터널 증후군	syndrome du tunnel tarsien
발목부상	blessure de la cheville
발목염좌	entorse à la cheville, foulure de la cheville
발목탈구	luxation de la cheville
발전 요소	éléments d'évolutivition
변비	constipation, obstipation
복부 팽창함	balonement abdominal
복부팽만감	flatulence dyspepsie flatulente ballonnements addominaux, inconfort abdominal

복잡골절	fracture complexe
복통	douleur abdominale
복합골절	fracture comminutive(plurifragmentaire)
부고환염	épididymite
부상, 손상	blessure
부종성 종창	tuméfaction oedémateuse
불면증	insomnie
불연속적으로	discontinue
불쾌감	une sensation désagréable, antipathique
비골골절	fracture du péroné
비염	rhinite
뻐근함	raideur
삠, 염좌	torsion, entorse, foulure
사고	accident
산소결핍	anoxie
색맹	achromatopsie
설사	diharhée, flux alvin, colique (예)설사를 앓다. Avoir une diarrhée, avoir la colique.
설후유증	le stress(l'inconvénient, le syndrome) de l'après nouvel an
섭식장애	anomalie génétique, trouble du comportement alimentaire

성격장애	troubles de la personnalité
소음성 난청	les troubles auditifs causés par le bruit
소화불량	dyspepsie, indigestion, avoir le ventre barbouillé
위장장애	embarras gastrique
손상 근섬유	fibre musculaire cassée
수근관증후군, 손목 터널 증후군	syndrome du tunnel(canal carpien)
수면무호흡증	syndrome d'apnée du sommeil
수면장애	perturbation du sommeil
슬건부상	blessure au tendon du genou
식도암	cancer de la bouche, cancer de la cavité buccale
신경계	système nerveux
신경계 손상	atteinte nerveuse
신경과민	nervosité, hypersensibilité, surexcitation
신경마비	insensibilité d'un nerf
신경반응	réaction nerveuse
신경손상	lésion d'un nerf
신경쇠약	dépression nerveuse
신경증	névrose, névropathie, neuropathie
신경통	névralgie
신장 이식	greffe du rein
신장질환	maladie rénale

실명	cécité
심각한 결과를 초래하는	conséquences graves
심근경색	infarctus du myocarde
심장마비	attaque cardiaqie, crise cardiaque, paralysie cardiaque
심장병	maladie cardiaque, maladie du coeur
심혈관계 질환	maladies cardiovasculaires
심혈관 질환에 걸릴 위험성	risque cardio–vasculaire
알레르기	aliments (예)알레르기 증상을 악화시키다. Aggraver, majorer les syndromes allergiques. (예)알레르기 항원. Allergène.
알레르기 유발 음식	aliments allergènes [정의]principaux aliments susceptibles de déclencher des allergies
알레르기성 비염	rhinite allergique
압박	compression
약시	amblyopie
양성, 양	positivité
양성반응	réaction positive
어깨부상	blessure à l'épaule
어지럼증	vertige

에이즈, 후천성면역결핍증(AIDS)

syndrome d'immunodéficience acquise(SIDA)

(예)에이즈를 퇴치하다. Combattre le VIH(sida).

(예)에이즈 바이러스 보균자. Séropositifs.

(예)계속해서 맹위를 떨치고 있는 에이즈. Sida, qui n'a pas cessé de prog-resser.

연축, 경축 contracture

열상 lacération

염증 inflammation

오스굿 슐래터 증상 maladie d'Osgood–Schaltter

오한 frisson

외상, 트라우마 trauma

외측대퇴피신경 nerf cutané latéral de la cuisse

요도염 urétrite

요통 lumbago, lombalgie, tour de rein

우울증 dépression, mélancolie

위경련 coliques intestales(abdominales), crampe d'estomac, crampe abdominale

위궤양 ulcère de l'estomac

위병 toubles gastriques, brûlure gastrique

위암 cancer de l'estomac

위염 gastrite

위장 appareil digestif

위장염	gastroentérite
유방암	cancer du sein
인대손상	blessure du ligament
일사병	insolation
임균혈증, 임균감염증	gonococcie
자궁암	cancer de l'utérus
자신감 상실	baisse de l'estime de soi
자폐증	autisme
전립선암	cancer de la prostate
전립선염	prostatite (예)전염병이 퍼지다. L'épidémie s'étend.
정신장애	trouble pathologique (예)정신질환 및 행동이상을 추적하다. Traquer les maladies mentales et les troubles du comportement.
종창	enflure, tuméfaction
좌골신경통	névralgie sciatique, sciatique
좌상, 타박상	contusion cérébrale
증상	malaise,trouble (예)오후에 증상 심해짐. Les symptômes apparus dans la matinée peuvent s'aggraver dans l'après-midi. (예)증상이 나타나다. En cas d'apparition, Une fois que les symptômes se manifestent. (예)증상에 따른 대처방법. Principales règles à observer en fonction de symptômes.

직속적인 병	maladie durable
직장암	cancer du rectum
질염	vaginite
찰과상	écorchure, éraflure
창상, 상처	plaie
치질	hémorroïdes
코막힘	congestion nasale
콧물	hydrorrhée nasale, morve
탈구, 탈골	luxation articulaire, exarthrose
탈수증	déshydratation
통증	douleur
통증원인	à l'origine de la douleur
편두통	migraine, hémicrânie
폐경(갱년기)	ménopause
폐암	cancer du poumon
폭식증, 폭식증환자	boulimie , boulimique
피부암	cancer de la peau
허벅지근육 긴장	hernine à l'aine
혈액전파	transmission par le sang
혈중세균배양(환자의), 혈액배양	hémoculture
화상	brûlure

후두암 cancer du larynx

힘줄손상, 건손상 déchirement du tendon

(예)심혈관질환의 위험성을 일으키다.

Provoquer des risques cardiovasculaire.

의학

치료

개인 치료 이용을 권장하다	prôner le recours aux thérapies individuelles
건강상태(평소의)	état de santé(habituel)
검출, 측정, 결정(어떤 질환이 일정 방향으로 발전하는 성향)	détermination, détecter, découvrir
늦게 발견되다	tardivement détectés
경과를 지켜보다	surveiler l'évolution(des symptômes)
격리	isolement
관장	lavement
관장약	médicament contre le lavement
구급상자	trousse de premiers secour(soins)
국소마취, 부분마취	anesthésie locale
근육주사	injection intramusculaire
근이완, 근육이완	relaxation(décontraction) musculaire
냉각 스프레이	bombe de froid
냉각 요법	cryothérapie
냉찜질, 얼음찜질	sac de glace, vessie de glace
다제요법, 다제투여, 다제복용	polypharmacie
들것	brancard, civière
마취	anesthésie
마취제	anesthésique

면역주사	vaccin
목발	béquille
무균의, 살균된	stérile
무릎 보호대	genouillère, bandage pour genou
물리치료	physiothérapie, kinésithérapie
물리치료사, 물리요법사	physiothérapeute, kinésithérapeute
백신을 개발하다	mettre au point un vaccin (예)바이러스 감염에 대비한 의약품과 백신을 개발하다. Mettre au point des médicaments et un vaccin préventif contre l'infection par le virus(VIH).
반창고, 밴드	pansement adhésif
발목보호대	chevillère, protège-cheville
방사선을 이용한 진료	irradiation médicale (예)질 높은 치료에 도달하다. Accéder a des soins de qualité. [정의]광범위 치료용 항생물질의 일종
변비약	laxatif
보행기	déambulateur, support de marche
복막투석	dialyse
붕대	bandage
삼각포, 삼각건	bandage triangulaire
소독 알코올	alcool à 90 degrés, alcool de désinfection(friction)
소염제, 엔세이드	anti-inflammatoire non stéroïdien(AINS)

소화불량 극복	soulager les indigestions
소화제	(médicament)digestif, médicaments favorisant(facilitant) la digestion
손목보호대	protège-poignet
수면제	somnifère
수술 부위	champ(opératoire)
스테로이드제	stéroïde
스포츠 마사지	massage sportif
스포츠 의학	médecine du sport
시약	candidat
항바이러스 시약	candidats antiviraux
식습관	habitudes alimentaires abandonner une mauvaise habitude alimentaire
식염수	solution saline
신경안정제	dépression nerveuse, neurasthénie
심장이식	transplantation du coeur, greffe cardiaque
압박붕대	bandage élastique
약물요법, 약물치료	traitements médicamentaux
약복용	passer par la médication
약의 도움으로	par la prise des médicaments
약품, 약제	médicament

어깨보호대	bandage pour épaule
억제	inhibition
억제제	inhibiteur
역학	épidémiologie (예)자살의 역학. Epidémiologie de suicides. [정의]생활양식, 사회환경 따위가 질병이나 자살에 미치는 영향을 연구하는 학문분야
역학 조사	enquête épidémiologique, étude épidémiologique
역학의	épidémiologique
연고	onguent, pommade
절제	amputation
위(일부) 절제	ablation d'une partie de l'estomac
위를 줄이다	diminuer la capacité de l'estomac
위절개 수술	gastrectomie (예)음식을 피하는 것이 좋다. Il faut éviter de manger les aliments, mieux vaut s'en abstenir, s'abstenir d'un aliment incriminé.
유전적 요인	facteurs génétiques, hérédité
유제품	produits laitiers
음성반응	réaction négative
응급용 약품 세트	trousse de premiers secour(soins)
응급장비	matériel de premiers secours
응급처치	premiers secours(soins)

(예)의사에게 진찰을 받으러 가다.
Consulter un médecin, aller voir un médecin.

(예)의식을 되찾다.
Reprendre conscience(connaissance), se ranimer, retrouver ses esprits.

이환율	prévalence
인공누액	larme artificielle
인공심장	coeur artificiel
일회용 주사기	seringue jetable
재활	rééducation, réadaptation
절단	amputation
정강이보호대, 정강이받이	protège-tibia
정신, 심리의 평안함	bien-être psychique
정신건강	santé mentale
정신병과 예방	troubles psychiques
정신장애	pathologies mentales
정신치료	soin psychiatrique
정화하다, 무균, 멸균	aseptiser
주사	injection
주사기	seringue
증상완화	L'effet de symptômes s'estompe.
지사제, 설사약	antidiarrhéique

지시약	indicateur
지혈	hémostase
지혈대	hémostatique
진단	dépistage (예)진단을 내리다. Le diagnostic porté.

진정제, 안정제, 신경안정제 sédatif, calmant, tranquilisant

진통제	analgésique
차(약초를 놓고 끓인)	tisane
최면	hypnose
최면술사	hypnotiste
측정	appréciation
치료 교육	éducation thérapeutique [정의]Une éducation thérapeutique quasiment inexistante dans notre pays
치료 제공의 평등	égalité de l'offre de soins
침술	acupuncture, acuponcture
테트라사이클린	tétracycline
통원치료	consultation externe à l'hôpital
파스	timbre cutané, dispositif, transdermique
패치	timbre transdermique
편히 눕다	s'allonger confortablement
피하주사	injection hypodermique

항생제	antibiotique
항우울제, 항우울약	antidépressif
해열제	antifébrile, fébrifuge
향정신성 의약품	médicament psychotrope, psychotrope
효과없는	inactif(ve)
휠체어	fauteuil roulant
흡수	absorption
흥분제, 각성제	stimulant
희석	dilution
CT, 전산화단층촬영술	tomodensitométrie, TDM
DNA 분석	ses ADN
DNA 채취	prélévement ADN, extraire l'ADN
건강을 해치다	compromettre la santé
요소	urée
예방접종	vaccination

산업자동차

자동차

자동차 산업	industrie automobile, industrie des véhicules à moteur
자동차 판매	vente des voitures
자동차 할부	payable en mensualités
자동차 판매 대리점	concessionnaire(d') automobile, (예)가까운 BMW 판매대리점에 문의하시기 바랍니다. Merci de vous adresser à votre Concessionnaire BMW.
판매지원부	branche de financement des ventes
컨셉트 카	voiture concept, prototype
신차	nouveau modèle
신모델 출시	introduction d'un nouveau modèle
시운전	essai de route, conduite d'essai
시운전자	pilote d'essai
시승	essai(d'une voiture)
승차감	sensation que donne la voiture
선택 사양, 편의 사항	accessoire facultatif
기본 옵션, 기본 사양	option
중고차	voiture d'occasion, véhicule de seconde main
주행거리(마일로 표시된)	millage
자동차 쇼	Salon de l'automobile, Salon de l'auto
폐차	voiture à la casse, voiture hors service, épave
폐차장	cimetière de voitures

폐차 업자	épaviste
경차	voiture citadine, petite cylindrée, faible cylindrée
소형차	voiture compacte
준중형차	voiture sous-compacte
중형차	série intermédiaire
대형차	grosse voiture, voiture de grande taille
승용차	berline, automobile, voiture, auto
승합차	monospace, fourgonnette
SUV	véhicule utilité sport(VUS)
RV	véhicule de camping, véhicule de caravaning
상용차	véhicule utilitaire
소형트럭	petite voiture, voiture légère, camionnette
5톤 트럭	un camion de 5 tonnes
대형트럭	camion lourd, grosse voiture, voiture de grande dimension, poid lourd
픽업트럭	camionnette
버스	autobus, bus
휘발유차량	voiture essence
디젤차량	voiture diesel
LPG차량	Voiture à Gaz de Pétrole Liquéfié(GPL)
CNG차량	Voiture à Gaz Naturel(GNV)

전기 자동차	voiture électrique, auto électrique
연료 전지차	voiture à hydrogène, voiture à pile à combustible
하이브리드카	voiture hybride, automobile hybride
사륜 구동	transmission à quatre roues motrices, quatre roues motrices
이륜 구동	traction à deux roues motrices
전륜 구동	traction, traction avant
후륜 구동	propulsion, propulsion arrière, véhicule à propulsion
연료 효율(연비)	économie de carburant, millage
전구	lampe
헤드라이트(전조등, 상향등전구)	phare (예)가시성이 떨어지다. La visibilité est insuffisante.
하향등	feu de croisement, éclairage code, faisceau de croisement
상향등	feu de route, faisceau de route, faisceau-route
안개등	phares antibrouillards
후진등	phare de recul, feu de marche arrière
실내등	éclairage interieur
후미등	feu rouge arrière, feu arrière, lanterne arrière
방향지시등	feu clignotant, indicateur de direction, clignotant
방향지시 보조램프	feu de gabarit, feu de position
외부	extérieur

차체	carosserie
주유구	réservoir d'essence, bouchon d'essence
범퍼	pare-chocs, parechocs (예)범퍼가 찌그러지다. Le pare-chocs est bosselé.
타이어	pneu (예)타이어를 갈다. Changer un pneu (예)타이어가 펑크나다. Le pneu(de la voirute, du véhicule) est crevé.
전천후 타이어	pneu toutes-saisons, pneu toute-saison, pneu quatre saisons, pneumatique toutes-saisons
스노우 타이어	pneu à neige, pneu d'hiver, pneu neige
스페어 타이어	pneu de secours, pneumatique de secours, pneu de rechange
시야	champ visuel, champ de vision
앞 유리(창)	pare-brise, parebrise
와이퍼	essuie-glace
차창	vitre
앞창	vitre avant
뒷창	vitre arrière
실내	intérieur
안전벨트	ceinture de sécurité, ceinture
편안한 승차감	position assise détendue
가죽 시트	sellerie cuir
스포츠 시트	siège sport

액티브 시트	siège actif
운전석	siège conducteur
조수석	siège passager
뒷좌석	siège arrière
대시보드, 계기판	tableau de bord
속도계	indicateur de vitesse, compteur de vitesse
정속 주행 조절 장치	régulateur actif de vitesse
차량 도난 방지 장치	antidémarrage
회전 속도계	tachymètre
미터기	compteur
스티어링 휠(핸들, 운전대)	volant
에어백	coussin de sécurité gonflable, airbag, sac gonflable, coussin gonflable
에어백 장착	coussin de sécurité gonflable équipé, airbag équipé
에어백 터짐	déclenchement du airbag, gonflage du airbag
에어백 작동	déploiement du coussin de sécurité gonflable, déploiement de l'airbag
경적(혼)	avertisseur sonore
변속기	boîte de vitesse à engrenage
변속기어 레버	levier de vitesses
자동 변속	boîte automatique, boîte de vitesses automatique

수동 변속	boîte de vitesses manuelle, boîte de vitesses normale (예)연속조작이 가능한 SMG 수동 변속기. Boîte manuelle à mode séquentiel SMG.
전진	marche avant, marche AV
후진	marche arrière, marche AR
1단	première vitesse
2단	deuxième vitesse
총 6단	six rapports
백미러	rétroviseur
후드	capot
트렁크	coffre(de la voiture)
손잡이	poignée
문(도어)	porte
최대출력	puissance maximale
토크	puissance réelle
마력	cheval(aux) (예)40마력의 자동차. Automobile de quarante chevaux; une quarante chevaux.
공회전	patinage
저공해차량	véhicule à faibles émissions, véhicule peu polluant
촉매 변환 장치	pot catalytique, convertisseur catalytique
미끄럼	dérapage

미끄럼 방지 장치	système anti-dérapage, dispositif anti-dérapage, antidérapage
점검	inspection, vérification, contrôle
정비	réparation, entretien, vérification, révision
고장	panne(de voiture), défaut, imperfection
급발진	départ brutal
발전기	dynamo, générateur
배터리	batterie
엔진	moteur
엔진오일	huile de moteur
냉각수	liquide de refroidissement
윤활유	lubrifiant
세척액	liquide lave-glace, liquide de lave-glace, liquide de lave-vitre
오일 교환	vidange
기름칠	graissage
핸들 샤프트	colonne de direction
공기 압축기	compresseur d'air
브레이크 디스크	frein à disque, disque de frein
ABS 브레이크	freins ABS, système de freinage antiblocage, système antiblocage ABS, antiblocage de sécurité, ABS
톱니바퀴 장치	engrenage

차동 톱니바퀴	engrenage différentiel
배전기(엔진의)	distributeur, distributeur d'allumage
리테이너, 실	arrêtoir, pièce de fixation
소음기, 머플러	silencieux, pot d'échappement
타이로드 엔드	embout de billette de direction
볼 조인트	joint à rotule, rotule
실린더 헤드	culasse, culasse de cylindre
에어컨 증발기	évaporateur
펜더	garde–boue, aile d'automobile
점화 코일	bobine d'allumage
점화 플러그	bougie d'allumage
피스톤 링	segment de piston
플런저	plongeur
삼발이	plateau de pression
방열기, 라디에이터	radiateur
엔진 냉각팬	ventilateur
룸미러(리어 뷰 미러)	rétroviseur intérieur
완충기	amortisseur, amortisseur de chocs
스타터	démarreur
실린더 헤드 커버	couvercle de culasse
베어링	roulement de moyen, roulement de roue

유리기어	lève-vitre, lève-glace
연료펌프	pompe à carburant, pompe d'alimentation
기화기(인젝션노즐)	injection
도어트림	équilibre de porte
스테이빌리저 바	barre de stabilisateur
버튼 누름	pression bouton (예)'Sport' 버튼을 누름. Pression du bouton mode Sport.
교통정보기능	fonction TMC
인치	pouce
네비게이션 화면	écran de contrôle
열감지 카메라	caméra thermosensible
음성 인식 장치	commande vocale
클러치를 분리하다	débrayer, débrayage
핸즈프리	dispositif mains libres
호환 가능한	compatible (예)한국 제일의 자동차 제조업체. Le premier constructeur automobile sud-coréen. (예)현대의 종업원들을 옹호하다. Défendre les salariés de Hyundai.

국방

군사

국방	défense nationale, défense du territoire
국방비(예산)	budget de la défense nationale
국방력	forces de défense nationale(d'autodéfense), forces armées(militaires), potentiel militaire
국방계획	plan de défense nationale
국방개혁	réforme de la défense
국방부	Ministère de la Défense Nationale, département d'Etat
국방군	armée de la défense nationale(du territoire)
정부군	armée d'État (gouvernemental)
방위군	troupe(bataillon) de défense
연합군	foces aliée
다국적군	armée(force, troupe) multinationale
동맹군	armée alliée
지원군	armée de renfort (soutien)
외국군	armée étrangère, forces étrangères
자위대	force de protection (예)자위대를 결성하다. Former une force de protection.
혁명군	armée révolutionnaire
반란군	toupe rebelle, armée dissidente
군대	armée, forces (militaires, armée)

병역	service militaire, service national
병역미필자	sursitaire
병역법	loi du service militaire
입영	mobilisation
입영통지서	avis de mobilisation
훈련병	jeune (nouvelle) recrue
훈련소	camp d'entrainement
현역병	soldat de l'armée active, soldat en service
사관학교	école militaire, école de guerre, (해군)école navale
사관생도	aspirant officier
육군	armée de terre
공군	armée de l'air (예)이스라엘 공군. L'aviation israélienne.
해군	marine nationale
프랑스해군	marine de guerre française
해병대	infanterie de marine
국경수비대	corps de garde des frontières, toupes de couverture
야전 부대	lit de camp
특공대	commando, unité d'assaut spéciale
공수 부대	untiés parachutistes, troupes aéroportées
공병대	(corps du) génie

의장대	garde d'honneur
의무대	groupe(armée) médical(e)
수비대	corps de garde
수비대(독도)	garnison de gardes-côte
수송대	unité mobile
해병	fusilier marin, marine
해병대	infanterie de marine
헌병	police militaire
헌병대	police militaire
민병대, 의용대	milice
군인	soldat, militaire
계급	grade militaire
계급장	Insigne
장교	officier

구분	육군	공군	해군
참모 총장	commandant en chef, chef d'état-major	commandant en chef, chef d'état-major	commandant en chef, chef d'état-major
영관	officier supérieur		
영관급	rang d'officier supérieur		
대장	général(aux) d'armée	général(aux) d'armée	amiral(aux)
중장	général de corps d'armée	général de corps d'armée	vice-amiral(aux) d'escadre
소장	général(aux) de division	général(aux) de division	vice-amiral(aux)
준장	général(aux) de brigade	général(aux) de brigade	contre-amiral(aux)
대령	colonel	colonel	capitaine(m) de vaisseau
중령	lieutenant-colonel(s-s)	lieutenant-colonel(s-s)	capitaine de frégate
소령	commandant	commandant	capitaine de corvette
위관	officier subalterne		
위관급	rang d'officier subalterne		
대위	capitaine	capitaine	capitaine, lieutenant de vaisseau
중위	lieutenant	lieutenant	enseigne de vaisseau de première classe
소위	sous-lieutenant(~-s)	sous-lieutenant(~-s)	enseigne de deuxième classe
준위	aspirant	aspirant	aspirant
부사관	sous-officier, officier marinier		
부사 관급	rang de sous-officier	rang de sous-officier	rang de sous-officier
원사	major, adjudant-chef	major, adjudant-chef	major, maître principal

구분	육군	공군	해군
상사	adjudant	sergent-chef	premier maître
중사	sergent-chef	MHC	maître
하사	sergent	MDL	second maître
사병	militaire du rang, soldat, homme de troupe		
병장	caporal(ale, aux)-chef, cabot	caporal	quartier-maître1(~s-~s)
상병	caporal(ale, aux)-chef, cabot	caporal	quartier-maître2(~s-~s)
일병	soldat de première classe	soldat de première classe	Matelot
이병	soldat de deuxième classe	soldat de deuxième classe	Matelot

미군 사령관 commandant des forces américaines

부대 unité militaire, troupes, corps d'armée

부대장 commandant(e), capitaine, officier en chef, chef de bataillon

제대 démobilisation, mise hors service, libération

제대명령 ordre de libération

제대병 soldat réformé(libéré)

향토예비군 réserviste local

국방

무기

방위산업　industrie de défense(militaire), secteur industriel de défense

방위산업체　entreprises de défense

무기　arme

군수물자　produits à usage militaire

(예)무기 및 군수물자의 수출을 금지하다.
Interdiction des exportations d'armes et de produits à usage militaire.

무기고　armurerie, arsenal

무기체계　système d'armes

화력　puissance de feu militaire

(예)막강한 화력. Une forte puissance de feu.

전략무기　arme stratégique

방어용 무기　arsenal défensif, arme défensive

보호막　barrière de protection

(예)보호막을 설치하다. Installer une barrière de protection.

방공포　abri antiaérien

살상무기　arme de destruction, arme pour tuer

화생방 무기　armes chimiques, biologiques, radiologiques

화학 무기　armes chimiques

생화학 무기　armes biochomiques

재래식 무기　arme conventionnelle

화기	arme à feu
총	revolver, pistolet, fusil
총기난사	fusillade
기관총	mitrailleuse
소총	arme d'épaule, fusil, carabine, mousqueton
반자동 소총	fusil d'assaut semi-automatique
자동 소총	fusil d'assaut automatique
카라슈니코브 자동소총(소련제)	kalachnikov
대포	canon
대포알	boulet de canon
로켓포	roquette (예)로켓포를 일제사격하다. Tirer une salve de roquettes.
박격포	mortier
곡사포	canon à tir courbe
대전차포	canon antichar
야포	canon de campagne, artillerie de campagne
대공포	canon anti-aérien
폭탄	bombe
수류탄	grenade
조명탄	fusée éclairante
척탄통	lance-grenades

시한폭탄	bombe à retardement
지뢰	mine
대전차 지뢰	mine antichar
지뢰군	troupe de mines
지뢰망	réseau de mines
지뢰밭(지대)	champs(zones) de mines
지뢰탐지기	détecteur de mines
지뢰폭발	explosion de mines
폭파에 의한 파괴	destruction par explosion
폭파장치	détonateur
전차(탱크)	char(d'assaut, de combat), tank
장갑차	char blindé, véhicule blindé
함정	vaisseau(navire) de guerre
전함	cuirassé, bâtiment de ligne
구축함	contre torpilleur
항공모함	porte-avions
항공수송	transport aérien
초계함	patrouilleur
잠수함	sous-marin
잠수정	sous-marin de poche
어뢰	torpille

기뢰	mine (sous-marine)
군용기	avion militaire
헬기	hélicoptère
전투기	chasseur
요격기	intercepteur
폭격기	bombardier
수송기	avion de transport
뇌관	capsule fulminante(explosive), amorce
미사일	missile
발사대	rampe de lancement
격발 장치	percuteur
기폭제	détonateur
사정거리	portée, distance
유도탄	missile sol-air
순항 미사일	missile de croisière
지대지 미사일	missile sol-sol
지대공 미사일	missile sol-air
대공 미사일	missile anti-aérien
탄도 미사일	missile balistique
장거리 탄도 미사일	missile balistique de longue portée
대륙간 탄도 미사일	missile balistique intercontinental

핵무기	arme nucléaire
원자(핵)폭탄	bombe atomique

국방

전시 작전권

한미상호방위조약	traité de défense mutuelle entre la République de Corée et les Etats-Unis
공동방위체제	système de défense conjoint
한국 국방부	Ministère(sud-coréen) de la Défense
한미연합사령부	commandement des forces combinées (CFC)
국제연합 사령부	Commandement des Nations Unies
평시작전통제권	contrôle en temps de paix de ses forces
전시작전통제권	commandement militaire en temps de guerre

(예)전시작전통제권을 이양하다.
Transfert du commandement militaire en temps de guerre.

(예)전시작전통제권을 이양을 위한 로드맵을 준비하다.
Préparer une feuille de route pour le un transfert du contrôle opérationnel en temps de guerre.

(예)전시작전통제권을 환수하다.
Reprendre le contrôle opérationnel des forces armées en temps de guerre.

(예)미군의 지휘하에 있다. Etre sous commandement américain.

양자 군사협상	négociations militaires bilatérales

(예)미국의 지원으로 국방을 책임지다.
Prendre la charge de sa propre défense avec le soutien des Etats- Unis.

(예)구체적인 일정을 세우다. Etablir un calendrier précis.

(예)논의하기 위하여 수차례의 협상을 하다.
Mener plusieurs séries de négociation pour pouvoir discuter.

주둔하다	être stationné, être basé
	(예)30,000명의 미국군인이 한국에 주둔해 있다. 30 000 soldats américains sont actuellement stationnés en Corée du Sud.
	(예)서울에 주둔해 있는 외국군. Troupes étrangères basées à Séoul.
가혹한 반박	un cinglant démenti
각별히 주의하다	faire preuve d'une prudence accrue
국방산업분야의 협력	coopération en matière d'industrie de défense
군병력 감축	réduire le nombre de soldats
군복무 의무제도 폐지	supprimer le service militaire obligatoire
군사 교류	échanges militaires
군사전략의 단계적 확대	escalade
백신	vaccins
소재하다	siéger
편을 들다	se tenir aux côtés
	(예)시리아 편을 들겠다고 선언하다. Déclarer se tenir aux côtés du peuple syrien.

국방

군사작전

작전	stratégie (예)전략과 전술. Stratégie et tactique.
전술	tactique
군사정보	renseignements miliraires
군사작전	opération militaire, stratégie militaire
상륙 작전	opération de débarquement
작전명령	ordre d'opération
작전비행	vol opérationnel
작전지역	région (secteur, zone) d'opération (stratégique)
작전지도	carte opérationnel
작전회의	réunion d'état-major
아군	notre troupe, notre armée, nos forces militaires, nos combattants], (nos) alliés, (les) troupes alliées, les forces alliées
적군	troupe ennemie, l'armée ennemie, les forces hostiles, adversaires, (nos) ennemis, (les) troupes ennemies, ennemies
포위	encerclement, enveloppement, siège, investissement (예)포위를 풀다. Lever le siège(le blocus). (예)포위를 뚫다. Briser(rompre) l'encerclement.
포위 공격	attaque enveloppante(position de siège)

후퇴	repli, recul
후퇴 명령	ordre de repli(d'une armée)
작전상 후퇴	recul(repli stratégique)
함락	capituler, se rendre, rendre les armes
점령	occupation, prise(d'une ville)
전략 요충지	position stratégique, poste clef
능보, 보루	bastion

국방

전쟁

전투	combat, bataille
전쟁	guerre, conflit (예)전쟁을 일으키다. Déclencher la guerre.
전쟁도발	provoquer la guerre
전쟁상태	être en état de guerre
개전	engagement des hostilités, ouverture des hostilités
선전 포고	déclaration de guerre
선제 공격	attaquer le premier
교전	combat, bataille, engagement
교전국	pays en guerre, parties belligérantes, pays belligérant
종전	cessation de la guerre, fon de la guerre
사기	moral
공중전	combat aérien
공중폭격	bombardement aérien, largage de bombes
공중투하	largage
해전	combat naval, bataille navale
육탄전	combat corps à corps
무력전	combats des forces armées
시가전	combat de rues
심리전	guerre psychologique

국지전	conflit localisé
게릴라전	guerre de guérilla
국경선	ligne frontalière, frontière
국경분쟁	conflit frontalier
화력전	bataille de puissances de feu
화력망	réseau de forces armées
세균전	guerre de bactériologique
장기전, 지구전	guerre de longue durée, guerre qui traîne (예)전쟁이 장기전의 양상을 띠고 있다. La guerre tend à s'éterniser.
소모전	guerre d'usure
총력전	guerre totale (예)총력전을 펼치다. Faire la guerre totale.
기지	base militaire
항공기지	base aérienne
잠입(침투)공작	entrisme, noyautage
침입(일시적인 적국의)	incursion
잠입하다	s'infilitrer
이중간첩	agent double, espion(ne) double
공격하다	lancer une attaque
정면공격	attaque de front
대규모 공세	offensive d'envergure (예)전투에 뛰어들다. Monter au créneau.

위기일발	crise imminente, danger imminent (예)위기를 촉발시키다. Déclencher une crise.
보복	représailles
적대행위	hostilités
기습	raid (예)기습을 강화하다. Multiplier les raids.
지나친 반격	riposte disproportionnée
소강상태	acalmie
정전	cessez-le-feu, suspension des hostilités, trève
휴전	armistice, trêve, suspension des hostilités, cessez-le feu
승전국	pays victorieux
패전국	pays vaincu, nation vaincue
전쟁 배상금	dommage de guerre
인명피해수	bilan humain
사상자	morts, pertes
실종자	disparu(e)
전쟁고아	orphelin(e) de guerre, pupille de la Nation
전쟁미망인	veuve de guerre
포로	prisonnnier(ère) (de guerre), captive (예)포로를 석방하다. Libéré (délivrer, relâcher) un(e) prisonnier(ère). (예)포로가 되다. Etre prisonnier(ère).
포로수용소	camp de prisonnniers

국방 전쟁

전쟁 포로	prisonnier(ère) de guerre, détenu(e)
포로교환	échange de prisonniers
포로송환	renvoi de prisonnier
포로인도	remise de prisonnier

스포츠

스포츠 일반

스포츠	sport
스포츠 경기(시합)	épreuves(compétitions) sportives (예)원활한 경기진행을 보장하다. Assurer le déroulement des épreuves.
단체 경기	sports d'équipe
개인 경기	sports individuels
짜릿한 경기	match palpitant
스포츠 정신	esprit sportif
스포츠 뉴스	information sportive
스포츠 행정	administration du sport
스포츠 채널	chaîne de télévistion sportive
관중석	tribune officielle
박수치다	acclamer, applaudir
스포츠(경기) TV 중계	diffusion des matchs à la télévision, sport-télévisé
텔레비전 시청자	téléspectateur
비언어적 소통	communication non verbale
커뮤니케이션	communication non verbale
스포츠 사회학	sociologie du sport
세계 반도핑법	Code mondial antidopage
스포츠선수의 기량	compétence de sportifs
균형감각	sense de l'équilibre

스포츠의 효용(이점)	bienfaits du sport
실내 스포츠	sports en salle
실외 스포츠	sports de plein air
꿈나무	espoir, pilier
체육계, 스포츠계	mouvement sportif
프레스 센터	bureau de presse
성장 호르몬	hormone de croissance
육체성	corporéité
체육교육	éducation physique et sportive
상향평준화	nivellement par le haut
하향평준화	nivellement par le bas
스포츠	sport
스포츠 선수	sportif
부상 선수	joueur blessé
아마추어 스포츠	sport amateur
프로(전문) 스포츠	sport professionnel
프로 스포츠 선수	sportif professionnel
프로리그	ligue professionnelle
프로정신	professionnalisme
엘리트 스포츠	sport de haut niveau
엘리트 스포츠 선수	sportif de haut niveau

아마추어 주의	amateurisme
하이킹	randonnée

스 포 츠

올림픽

올림픽	Jeux Olympiques
하계 올림픽	Jeux Olympiques, J.O d'été
동계 올림픽	Jeux Olympiques d'hiver, J.O d'hiver (예)2010년 동계올림픽. Edition 2010 des J.Od'hiver. (예)동계 올림픽 공식후보 도시. Ville candidate officielle pour les Jeux Olympiques d'hiver.
장애인 올림픽	Jeux Paralympiques
국가올림픽위원회	Comité National Olympique(CNO)
한국올림픽위원회(KOC)	Comité Olympique Coréen
국제올림픽위원회	Comité International Olympique (CIO) (예)OC에 유치신청서를 제출하다. Déposer officiellement sa candidature auprès du CIO en Juillet.
올림픽 조직위원회	comités d'organisation des Jeux Olympiques
올림픽 유치위원회	comité de candidature
올림픽 유치 준비	préparer la candidature pour les olympiades(J.O) (예)유치전에 뛰어들다. Se lancer dans la course.
올림픽 유치활동 지원	destiné à soutenir les activités de candidature
선정하다	sélectionner, choisir, retenir
올림픽을 유치하다	accueillir l'événement(les Jeux Olympiques)
개최도시	ville hôte, ville d'accueil, ville organisatrice

공식후보 도시	ville candidate officielle (예)국제적인 대회 성공적으로 개최. Organiser avec succès des événements internationaux. (예)올림픽 개최지 선정에 입후보하다. Soumettre la candidature à l'organisation des jeux.
개막식	cérémonie d'ouverture
개막전	match d'ouverture
폐막식	cérémonie de clôture (예)폐막식을 거행하다. Célébrer une cérémonie de clôture.
페어플레이	fair-play
올림픽 기	drapeau olympique
올림픽 모토	devise olympique
올림픽 선서	serment olympique
올림픽 성화	flambeau(flamme) olympique (예)올림픽 성화를 점화하다. Allumer la vasque olympiqu, allumer le brasier olympique.
성화봉송주자	porteur du flambeau
선수	athlètes
임원	officiels venus
선수입장	parade des nations
올림픽 오륜	anneaux olympiques
올림픽 정신	esprit olympique, olympisme
올림픽 챔피온	champion olympique
올림픽 헌장	charte olympique

참가자 퍼레이드	défilé, défilé des participants
국제공법상의 기관	instrument de droit international public
국제반도핑 운동	lutte internationale contre le dopage
도핑(불법약물사용)	dopage
도핑기술	technique dopante
경기외 불시검사	contrôles hors compétition
도핑양성반응 선수	athlète controlé positif
반도핑국제협약	Convention internationale contre le dopage
국제경기연맹	Fédérations Internationales de sports (FI) (예)규정을 만들다. Edicter des règles.
시상식	cérémonie de remise des médailles, cérémonie de remise des récompenses
시상대, 연단	podium, podium de remise des récompenses (예)시상대에 오르다. Monter sur le podium.
우승자	premier, gagnant (예)상을 수상하다. Remporter un prix, être récompensé par un prix.
메달을 따다, 획득하다	décrocher une médaille, remporter une médaille
결과 발표, 결과 안내	annonce des résultats
순위	classement
올림픽 메달리스트	médaillé olympique
금메달	médaille d'or
은메달	médaille d'argent
동메달	médaille de bronze

스포츠

하계올림픽

종목	épreuves générales
세부종목	disciplines
수영	natation
다이빙	plongeon
양궁	tir à l'arc
육상	athlétisme
배드민턴	badminton
농구	basket-ball
야구	base-ball
복싱, 권투	boxe
카누, 카약	canoë, kayak
사이클	cyclisme
승마	sports équestres
펜싱	escrime
축구	football
체조	gymnastique
핸드볼	handball
하키	hockey
필드하키	hockey sur gazon
유도	judo

근대5종경기	pentathlon moderne
사격	tir
소프트볼	soft-ball
탁구	tennis de table
태권도	taekwondo
테니스	tennis
트라이애슬론	triathlon
배구	volley-ball
비치발리볼	volley-ball de plage
레슬링	lutte
역도	haltérophilie

동계올림픽

최적의 자연조건	conditions naturelles optimales (예)한국은 최적의 자연조건 갖추고 있다. La Corée possède des conditions naturelles optimales.
강설	chute de neige
설질	qualité de la neige, chute de neige
고도	altitude
기후	climat (tempéré, tropical)
온난 기후	climat tempéré
열대 기후	climat tropical
스키경기장 (스케이트 경기장)	stations de ski (les patino-ires)
경기장 신설	construction des sites de compétitions
기존 경기장 보완	rénovation des stades actuelles
세계 동계스포츠의 메카	centre international de sports d'hiver
동계 스포츠 확산	démocratisation des sports d'hiver (예)아시아에서 동계스포츠 확산에 기여하다. Contribuer à la démocratisation des sports d'hiver en Asie
세일링	voile
루지	luge
컬링	curling
봅슬레이	bobsleigh
바이애슬론	biathlon

스키	ski
노르딕	combiné nordique
스키점프	saut
크로스컨트리 스키	ski de fond
스노우보드	snowboard
스케이팅	patinage
스피드스케이팅	patinage de vitesse
피겨 스케이팅	patinage artistique
쇼트트랙	patinage de vitesse sur courte piste
프리스타일 스키	ski acrobatique
선수, 임원 (나라)	où participeron quelque 5,000 athlètes et officiels venus de 80 pays
스포츠 벨트 내에 위치	au sein d'une ceinture de sports d'hiver

스포츠

월드컵

월드컵	Coupe du monde
FIFA 월드컵	Coupe du monde de la FIFA (영)2007 FIFA U-17 World Cup Korea
연락관	Agent de liaison (de comunication) de l'équipe (ALE)
FIFA 월드컵축구대회 조직위원회	Commission d'organisa-tion de la Coupe du monde de la FIFA
FIFA 실사단	équipe d'évaluation de la FIFA
국제축구연맹	Fédération Internationale de Football Association (FIFA)
아시아축구연맹	Confédération Asiatique de Football (영)Asian Football Confederation (AFC)
아프리카축구연맹	Confédération Africaine de Football (영)Confederation of African Football (CAF)
유럽축구연맹	Union des Associations Européennes de Football (영)Union of European Football Associations (UEFA)
북중미축구연맹	Confédération d'Amérique du Nord, Centrale et Caraïbes (영)Confederation of North, Central American and Caribbean Association Football (CONCACAF)
오세아니아 축구연맹	Confédération du Football d'Océanie (영)Oceania Football Confederation (OFC)
남미축구연맹	Confédération sud-américaine de football (영)South American Football Confederation (CONMEBOL)

조	groupe
조별 경기	match de groupe
예선 경기	série éliminatoire, match de qualification, match d'élimination
본선 경기	compétition finale de la Coupe du monde
결승	finale
3, 4위전	série éliminatoire pour la 3éme place, match pour la troisième place, petite finale
4강	demi-finale
8강	quart de finale
16강	huitième de finale
참가국	pays participants
스타디움(경기장)	stades (예)총 13개 경기장. Un total de 13 sites seront opérationnels.
주경기장	stade principal
창원종합운동장	stade principal de Changwon (영)Changwon Main Stadium
천안종합운동장	complexe sportif de Cheonan (영어)Cheonan Sports Complex
울산종합운동장	stade de Ulsan, le Ulsan Complex Stadium
제주월드컵경기장	Stade de la coupe du monde de Jeju

(영)Jeju world Cup Stadium

서울월드컵경기장 Stade de la coupe du monde de Séoul

(영)Seoul World Cup Stadium

수원종합운동장 Complexe sportif de Suwon

(영)Suwon Sports Complex

고양종합운동장 Stade de Goyang

(영)Goyang Stadium

광양전용구장 Stade de football de Gwangyang

(영)Gwangyang Soccer Only Field

감독 sélectionneur, entraîneur principal

(예)도메네크를 프랑스의 감독으로 유지시키다.
Le maintien de Domenech à la tête de l'équipe de France.
(예)레몽 도메네크가 감독 역할을 계속 수행하게 하다.
Reconduire Raymond Domenech dans ses fonctions de sélectionneur.
(예)감독으로서의 임무를 계속하다.
Poursuivre sa mission de sélectionneur.

코치, 트레이너 entraîneur

팀워크 esprit d'équipe

(예)팀을 재구성하다. Recomposer une équipe.

완장 brassard

은퇴 retraite

(예)2006년 월드컵이 끝나고 은퇴하다.
Prendre sa retraite à l'issue du Mondial 2006.

토너먼트 tournoi

킥오프	coup d'envoi	kick-off
후원업체	partenaire officiel	